엘리 허먼의
필라테스 캐딜락

ELLIE HERMAN'S **PILATES CADILLAC**

(SECOND EDITION)

푸른솔

엘리 허먼의 필라테스 캐딜락

2017년 11월 13일 초판 1쇄 발행
2022년 4월 20일 초판 5쇄 발행

저자_엘리 허먼 · 리사 그레이엄
역자_조미영

발행자_박흥주
영업부_장상진
발행처_도서출판 푸른솔
편집부_715-2493
영업부_704-2571
팩스_3273-4649
디자인_여백 커뮤니케이션
주소_서울시 마포구 삼개로 20(도화동 251-1) 근신빌딩 별관 302호
등록번호_제 1-82

값_25,000원

ISBN 978-89-93596-82-3 (93690)

엘리 허먼의
필라테스 캐딜락

ELLIE HERMAN'S **PILATES CADILLAC**

(SECOND EDITION)

엘리 허먼·리사 그레이엄 지음 **조미영** 옮김

[옮긴이]

조미영

엘리 허먼 EH필라테스 대표
엘리 허먼 한국교육기관 대표
Ellie Herman Pilates Mat Certified Instructor
Ellie Herman Pilates Apparatus Certified Instructor
Ellie Herman Pilates Springboard Certified Instructor
Ellie Herman Pilates Barre Certified Instructor

차례 contents

엘리 허먼 소개

1988년경 샌프란시스코에서 전문 무용수이자 안무가로 활동하던 때 필라테스를 알게 되었다. 여성 무용단 '플라잉 버트레스'에서 내 일은 당연히 보헤미안 스타일의 내 삶을 유지할 만한 수입을 보장하지 못했다. 자만심에 가득 차 있었던 22세 때 나는 나와 같은 위치의 자존심 강한 여성이라면 해볼 만한 경험, 다름 아닌 프로레슬러가 되었다. 하지만 '루스 레스'란 여성 레슬러의 활동은 짧게 끝났다. 어느 날 팀 매치에서 나는 내동댕이쳐졌고 "딱" 소리가 크게 들렸다. 전방십자인대가 파열되었다. 매트에서 내가 어떻게 이토록 어리석을 수가 있을까를 생각하며 스스로를 원망했다. 나는 춤을 영원히 출 수 없을 거라고 생각했다.

용기를 내어 필라테스 기반의 재활 프로그램을 전문으로 해서 무용 치료를 하는 샌프란시스코 소재 성프란시스 병원을 찾아갔다. 치료 부서는 현대 필라테스에서 저명한 엘리자베스 라크함의 지도하에 운영되고 있었다. 몇 개월의 재활 치료 끝에 나는 무용수로 돌아올 수 있었다. 필라테스는 내가 점핑, 리핑, 트월링을 할 수 있도록 회복시켜 주었을 뿐만 아니라 나의 무용 기술, 제어력, 균형 및 몸의 중심부까지 개선시켰다는 것을 깨달았다.

그 후 뉴욕으로 가서 뉴욕대 무용과의 MFA 프로그램(석사 과정)에 등록하였으며, 그 기간 동안 조셉 필라테스의 직속 제자 중 한 사람인 캐시 그란트와 매트 필라테스 수업을 받았다. 캐시는 필라테스 운동의 무한한 가능성을 가르쳐주었고 나는 매일의 발레 수업에서 겪는 고관절 통증을 완화시킬 수 있었다. 비록 그 석사 과정은 중도에 포기했지만, 캐시 그란트는 내가 필라테스 지도자 과정을 밟을 수 있도록 용기를 주었다. 이것이 계기가 되어 마침내 나는 조셉 필라테스의 또 다른 직속 제자인 로마나 키라노브스카와 필라테스 지도자 과정을 이수했다.

1992년 샌프란시스코로 돌아와 제니퍼 스테이시, 캐롤 에어펠 등과 함께 신체 운동에 관한 필라테스 공부를 계속했다. 그 다음해 샌프란시스코의 미션 지역에서 생활공간이자 작업공간인 나만의 스튜디

오를 오픈했다. 그 스튜디오는 몇 해가 지나자 교습생이 아주 많아져서, 우리는 필라테스 기반의 피트니스, 재활운동, 지도자 과정, 보완 치료요법을 소화할 수 있는 2개의 마루 스튜디오를 갖춘 큰 빌딩으로 옮겨가게 되었다. 필라테스가 대중성을 띠면서 내 사업은 더 커졌고 2001년 캘리포니아 오클랜드에 두 번째 스튜디오를 오픈했다.

공부를 더 많이 하고 싶었던 나는 2000년 샌프란시스코 소재 전통 중의학 대학에서 침술 및 중국 약초의학 석사 학위를 취득했다. 그즈음 나는 가족 및 동부 해안이 그리워 브루클린으로 이사하였고 2005년 10월 파크 슬로프에 세 번째 스튜디오를 오픈했다.

나는 필라테스의 혁신에 대해 끊임없이 관심을 가지면서 흥미의 결과로 필라테스 '스프링보드'라고 불리는 새로운 기구를 디자인했다. 스프링보드는 월 유닛/캐딜락과 같은 기능을 가진 변형체로 공간 절약이 되고 가격도 부담스럽지 않으며, 현재 기구 전문 업체 밸런스트 바디에서 제작되고 있다.

비록 필라테스는 많은 육체적인 질병을 고치고 재활을 돕는 놀라운 운동이긴 하지만, 서 있는 자세나 걸음걸이에 항상 도움을 줄 수 있는 것은 아니었다. 활동적인 사람은 하루에 5,000보 이상 걷기 때문에, 걸음걸이가 자세 습관을 얼마나 강화하는지에 대한 생각에 사로잡히게 되었다. 명석한 낸시 마이어(멀리서도 걸음걸이가 이상함을 바로 알아차릴 수 있는 엘리허먼 스튜디오의 前 부회장)의 도움으로 나는 필라테스와 걷기를 결합시켜 'Walk-ilates'라고 불리는 운동을 개발하였다. 우리는 MBT 슈즈를 사용하였는데, 그 신발들은 발의 앞쪽과 뒤꿈치로만 바닥과 닿지 않도록 굴려서 딛도록 해주고 'Walk-ilates' 프로그램의 치료적 측면을 향상시켜 준다.

내 스튜디오 및 필라테스와 관련된 최신 뉴스들을 접하려면 웹사이트 www.elliehermanpilates.com 블로그를 확인해보길 바란다. 나는 워크숍과 지도자 양성 프로그램도 진행한다.

필라테스 캐딜락

이 매뉴얼은 밀어내기 바 위 스프링 및 아래 스프링, 공중그네, 퍼지와 기타 캐딜락 동작들로 나누어 완전한 레퍼토리를 소개한다. 롤-다운 바, 팔 스프링과 다리 스프링은 전형적으로 캐딜락 레퍼토리의 일부이지만, 이 부분은 『엘리 허먼의 필라테스 스프링보드』 책에서 다루기로 했다. 그래서 캐딜락에 관한 완전한 레퍼토리를 원한다면 두 책을 모두 보길 바란다!

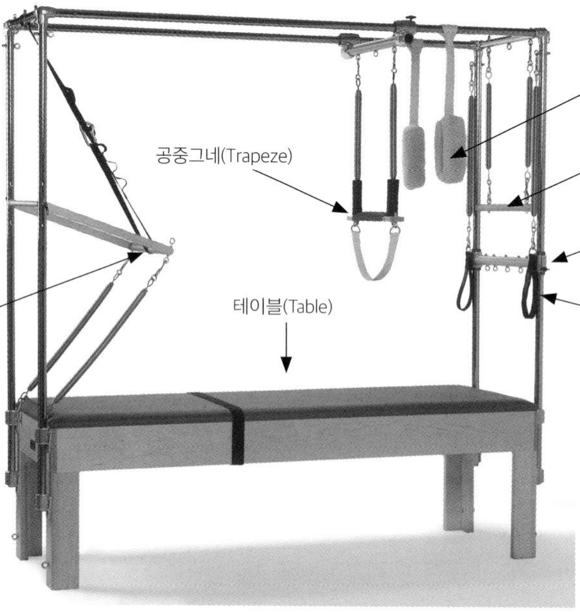

(공중그네 테이블이라고도 함)
캐딜락은 몇 가지 측면에서 기타
필라테스 기구와 구별된다.

이것은 캐딜락이다!

• 이것은 가장 크고 비싼 필라테스 기구이다(출처가 불분명한 이야기이지만, 한 어린 소년이 맨해튼 8번가에 있는 애초의 필라테스 스튜디오에 걸어 들어와 "와, 저거 캐딜락이네!"라고 말한 이래 계속 그렇게 불려왔다).

동작들 대 시리즈

• 전형적으로 시리즈(예로 초급 시리즈, 중급 시리즈 등)로 시행되는 리포머 및 필라테스 매트 레퍼토리와 달리 캐딜락 동작들은 분리되어 있다.

초급자들에게 좋다

• 캐딜락은 '초급' 동작들의 비중이 가장 크고 종종 매트 또는 리포머 동작을 위한 '연계 동작'(보다 쉬운 버전의 동작)을 제공한다.

재활과 특정한 문제들에 가장 적합하다

• 캐딜락 동작들은 흔히 특정 신체 부위에 초점을 두는 반면, 매트, 리포머 및 원다 체어 동작들은 종종 전신을 한꺼번에 사용한다. 이에 따라 캐딜락은 특정 정렬 문제의 해결과 부상의 재활에 가장 적합한 기구이다.

• 캐딜락은 매트나 리포머보다 바닥에서 더 높이 있으므로 노인과 다리 및 척추 부상이 있는 사람들이 오르내리기가 훨씬 더 쉽다.

필라테스 스프링보드

엘리 허먼과 필 쿠식의 디자인

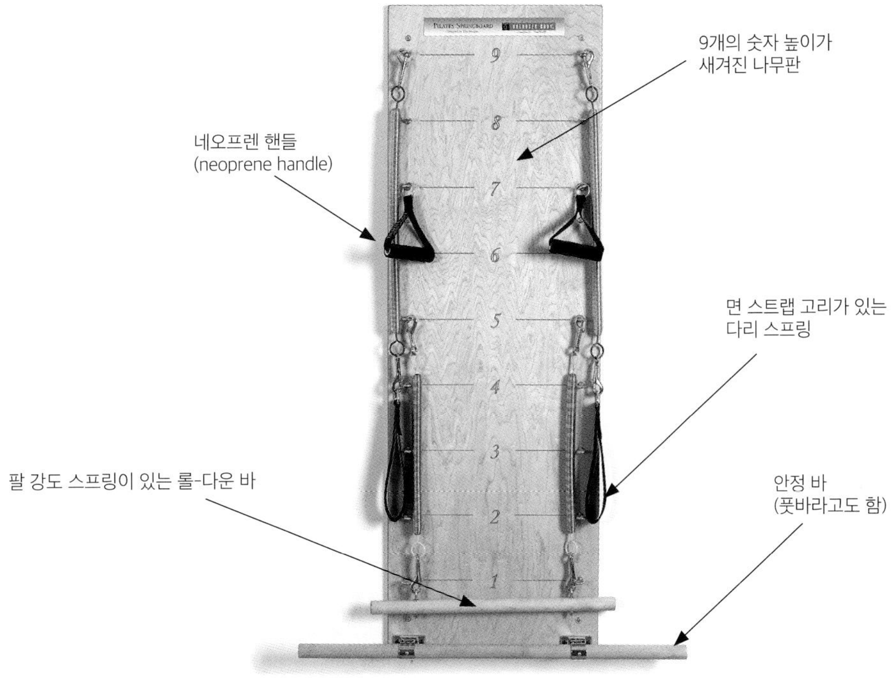

필라테스 스프링보드는 공간을 절약해주고 가격도 적당한 기구로 캐딜락의 한쪽 측면을 기반으로 고안되었으며, 현재 밸런스트 바디(Balanced Body)가 제작하고 있다.

필라테스 스프링보드보다는 캐딜락으로 동작들을 수행하길 선호한다면, 그저 필라테스 스프링보드 매뉴얼에서 설명한 세팅을 따라서 수평 크로스바를 위아래로 이동시키면 된다. 서서 하는 동작들을 수행하기 위해서는 캐딜락 주위에 충분한 공간을 마련해 캐딜락의 반대쪽을 향해 설 수 있도록 해야 한다.

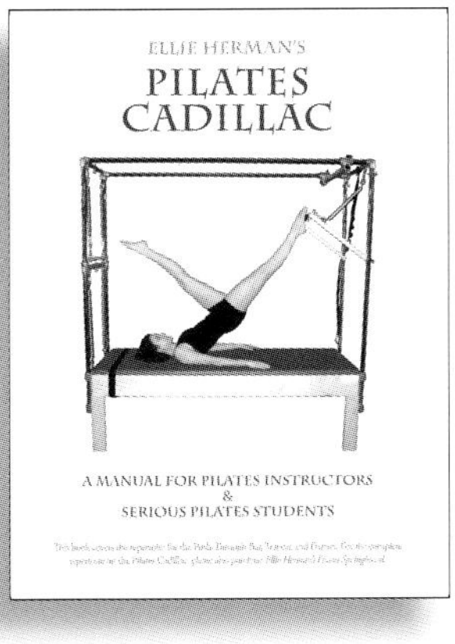

필라테스 캐딜락
(밀어내기 바, 퍼지,
공중그네, 기타 동작들)

+

필라테스 스프링보드
(롤-다운 바, 팔 스프링,
다리 스프링)

=

완전한 캐딜락
레퍼토리!

조셉 필라테스에 대하여

조셉 후버투스 필라테스(Joseph Hubertus Pilates)는 1880년 독일에서 태어났다. 젊은 시절에는 천식과 병약함으로 고생했다. 그는 일생을 통해 자신의 병약함을 극복하였고 스키, 다이빙, 체조, 권투, 요가 등의 분야에서 기량이 뛰어난 운동선수가 되었다.

조셉 필라테스는 어떻게 하면 건강하고 행복한 인간이 되는가에 대해 대단히 중요한 개념들을 소유한 예지력 있는 사람이었다. 그는 먼저 복부 근력과 전반적인 신체 제어력을 기르도록 고안되고 매트 위에서 할 수 있는 일련의 운동들을 개발했다. 나중에는 확대된 운동들의 결과를 향상시키는 다양한 기구를 발명했다. 출처가 불분명하지만 조셉 필라테스는 1차 세계대전 당시 영국 포로수용소에서 근무한 간호사였으며, 병원 침상 위에 스프링을 설치하는 기발한 아이디어를 제안했고 그 방법은 부상당한 환자들의 재활 치료를 돕고 누운 채 운동할 수 있게 했다. 이 침상 같은 장치가 나중에 필라테스 기구의 주요 부분 중 하나인 캐딜락으로 발전되었다.

조셉 필라테스는 1923년 미국으로 이민을 갔으며, 뉴욕 맨해튼 8번가에 필라테스 스튜디오를 오픈했고 조지 발란신, 마사 그레이엄 등 전문 무용가들의 훈련과 재활을 돕기 시작했다.

저서 《Return to Life》에서 조셉 필라테스는 전반적인 건강의 증진을 위한 총체적인 체제를 펼쳤으며, 저서에는 자신이 전체 시리즈를 직접 수행하는 모습을 사진으로 담은 매트 동작들이 포함되어 있다. 그는 원래 자신의 방법을 '조절학(Contrology)'이라 불렀고 그 방법을 다른 이들에게 가르친 후에야 '필라테스'라고 불리게 되었다. 저서에서 그는 "(조절학은) 신체를 골고루 발달시키고, 잘못된 자세를 교정하고, 육체의 생명력을 회복시키고, 마음에 활기를 불어넣고, 정신을 고양시킨다"고 말했다.

평생 동안 그는 20개가 넘는 장치들을 발명하였으며, 그 중 일부는 나무와 철제 파이프 구조물에 도

르래, 줄, 수평 바, 상자와 스프링의 다양한 조합을 사용하였기 때문에 중세의 고문 장치처럼 보이기도 한다. 전체 필라테스 레퍼토리는 필라테스 매트, 리포머, 캐딜락, 원다 체어, 척추 교정기, 사다리 배럴과 타워를 포함해 500개 이상의 동작으로 구성되어 있다.

필라테스 후계자들

맨해튼에 있던 최초의 필라테스 스튜디오에서 1세대 필라테스 지도자들이 배출되었다. 로마나 키라노브스카, 캐시 그란트, 론 프랫쳐, 이브 젠트리, 캐롤라 트리어, 메리 보웬, 브루스 킹이 그들이다. 이 후계자들 중 일부는 흩어져 미국의 다른 지역에 스튜디오를 열었고 다른 일부는 뉴욕에 남았다. 로마나는 조셉 필라테스가 사망한 후에도 그의 스튜디오에 남았다. 캐시 그란트는 2010년 5월에 세상을 떠났는데, 나는 그녀를 NYU 무용과 위의 작은 스튜디오에서 생전에 만날 수 있는 영광을 가졌었다. 지난 50년간 필라테스 방법은 더 많은 지도자 세대를 걸쳐왔고 그 방법은 많이 변형되어 왔다. 많은 필라테스 지도자들이 이제 그들만의 통찰력으로 원래의 필라테스를 개선해나가고 있기도 하며, 일부는 '순수한' 필라테스 개념을 고수하고 있다. 내 의견으로는 필라테스가 혁신가였고 일생 동안 자신의 레퍼토리를 발달시키고 변화시켰으며 새 장치들을 발명하였기 때문에, 우리도 그래야 한다고 생각한다.

정확히 필라테스란 무엇인가?

전반적으로 필라테스 동작들은 골격계를 지지하고 조셉 필라테스가 칭했듯이 신체의 '파워하우스(powerhouse)' 역할을 하는 복부, 등, 둔부 및 심부 자세 근육들을 강하게 발달시킨다. 필라테스 방법은 중심부를 강화하고, 척추를 늘여주고, 신체 인식을 증가시키고, 근긴장(muscle tone)을 길러주고, 유연성을 갖게 한다. 또한 필라테스 방법은 등, 무릎, 엉덩이, 어깨 및 반복적인 스트레스 부상에도 뛰어난 재활 치료법이다. 필라테스는 신체를 전반적으로 바로잡으며, 신체 불균형과 만성 허약을 교정하여 부상의 재발을 예방하고 신체의 균형을 회복시켜 준다.

필라테스의 8가지 원칙

조셉 필라테스의 저서 《Return to Life》에는 필라테스 방법의 기초를 이루는 8가지 중요 원칙들이 제시되어 있다. 이 개념들은 필라테스 방법에서 중추적인 역할을 한다.

조절 Control

필라테스 동작을 할 때 기본적인 원칙은 신체의 모든 움직임을 조절해야 한다는 것이다. 동작 자체뿐만 아니라 동작과 동작 사이의 전환, 기구에 올라가고 내려오는 방법, 그리고 동작을 수행하는 동안 세부 주의사항까지 이 원칙은 전부 적용된다. 매트 동작을 할 때 조절은 각 동작의 시작에서 끝까지 중요하게 작용한다. 신체가 조절된 방식으로 제동을 걸면 근육들이 신장하면서 작용하도록 훈련시킨다. 이를 신장성 근육 수축(eccentric muscle contraction)이라고 하며, 이는 길고 유연한 근육을 만든다. 또한 동작의 조절에 집중하면 신체는 보조근(협력근, synergist)을 활용할 수밖에 없으며, 이 근육은 대개 주동근(main muscle)보다 작다. 많은 근육이 협력하여 한 동작을 하면, 즉 근육들이 상승적으로 작용하면 신체가 전체적으로 더욱 균형과 조화를 이루게 된다. 아울러 모든 동작을 큰 근육으로만 할 필요가 없어지기 때문에 큰 근육이 지나치게 커지지 않는다. 따라서 우리는 길고 날씬한 몸을 가질 수 있다. 신체가 조절해 움직이는 법을 배우고 나면 당신은 스키에서부터 달리기, 탱고 춤, 또는 줄사다리 암벽 등반에 이르기까지 온갖 종류의 움직임을 하는데 있어 더욱 자신감을 가질 것이다.

호흡 Breath

대부분의 사람들은 자신의 폐활량을 충분히 활용하지 못한다. 얕은 호흡은 주로 앉아서 지내는 생활과 스트레스가 많은 삶의 불행한 결과이다. 필라테스 지도자로서 사람들이 흔히 새로운 또는 어려운 동작을 수행할 때 호흡을 멈추는 모습을 보는 것은 고통스러운 일이다. 나는 종종 교습생들에게 숨을 내쉬라고 말해야 하는데, 그렇지 않으면 그들은 숨을 내쉬지 않기 때문이다. 호흡을 멈추면 근육들을 긴장시켜 결국 자세가 더욱 부적절해지고 근육들을 긴장시키는 습관이 강화될 수 있다. 이 때문에 일관된 호흡은 물 흐르듯 한 움직임과 적절한 근육 균형을 이루는 데 필수이다. 요가의 경우와 마찬가지로, 호흡은 필라테스 방법의 필수적인 부분이고 기타 운동 형태들과 구별되는 차이점이다.

모든 필라테스 동작에는 특정한 호흡 패턴이 있다. 동작을 하면서 호흡한다는 것이 항상 쉽지만은 않지만, 정확하게 수행하면 뛰어난 효과가 나타날 수 있다. 호흡에 집중하면 신체의 스트레칭 능력을 극대화하는 데 도움이 될 수 있으며, 이러한 긴장의 이완을 통해 최적의 신체 조절 능력을 얻게 된다. 또한 깊은 들숨과 완전한 날숨은 폐를 운동시키고 폐활량을 증가시켜 깊은 이완이라는 유쾌한 부수 효과까지 동반한다.

흐르는 움직임 Flowing Movement

필라테스 운동의 사진들을 살펴보면 많은 동작이 요가 자세와 비슷하다는 점을 알 수 있다. 그러나 요가와는 달리 필라테스에서는 한 자세에 멈춰 있지 않고 대신 한 단계에서 다음 단계로 물 흐르듯이 넘어간다. 필라테스 동작을 할 때에는 각각의 단계를 물 흐르듯이 자유로운 움직임으로 진행하고 정확한 조절로 마무리해야 한다. 물 흐르듯 한 움직임은 신경계, 근육과 관절을 통합하고 신체가 부드럽게 그리고 골고루 움직이도록 훈련시킨다.

정확성 Precision

정확성은 조절과 유사하지만 공간 인식이라는 요소가 추가된다. 어느 동작을 시작할 때에는 그 동작이 시작되고 끝나는 지점을 정확히 알아야 한다. 모든 필라테스 동작에는 신체가 항상 어디에 있어야 하는지에 대한 정확한 정의가 있다. 즉 다리의 각도, 팔꿈치의 위치, 머리와 목의 자세, 심지어 손가락이 어떻게 움직여야 하는지와 같은 사소한 것들이 필라테스에서는 중요하다.

중심화 Centering

하루 종일 필라테스를 가르치고 나면 때때로 내 머릿속에서 “배꼽을 척추 쪽으로 당겨라…”는 말이 녹음된 테이프에서 계속 들리는 듯한 느낌이 들 때가 있다. 왜냐하면 나는 교습생들에게 복부를 집어넣으라는 말을 종일 반복하기 때문이다. 모든 동작은 심부 복근을 활용하여 적절한 중심화를 확실히 갖춘 상태에서 이루어져야 한다. 대부분의 필라테스 동작들은 직접 또는 간접적으로 복부 근력을 발달시키는 데 집중한다. 가령 팔 근육의 강화에 초점을 두는 동작을 수행할 때에도 복부 집어넣기(Abdominal Scoop, 15페이지 참고)를 유지하고, 어깨를 등쪽으로 당겨 내린 상태를 유지하며, 아마도 둔부조차 조여야 한다. 이 모든 조치는 중심화와 코어 근육의 근력을 증진시킨다. 어느 동작도 중심부 안정화를 저해하면서 수행해서는 안 된다. 다시 말해 척추가 견고한 플랭크 자세가 되어야 하는데 흐느적거리는 국수처럼 움직인다면 다음 단계의 동작으로 진행할 수 없다.

안정성 Stability

필라테스 동작들은 몸통 안정성, 어깨 안정성, 발목 안정성 등 안정성의 개념을 사용하는데, 이는 척추 및 관절 건강에 핵심이다. 부상 후에 해당 부위는 일반적으로 불안정해진다. 부상을 입었을 때 맨 먼저 해야 할 일은 부상 부위를 안정화하여 부상의 재발을 예방하고 치유 과정이 시작될 수 있도록 하는 것이다. 따라서 필라테스는 부상 후에 할 수 있는 가장 안전한 형태의 운동 중 하나이다. 또한 필라테스는 부상을 예방하게 되는데, 몸통과 관절에 안정성이 생기면 애초부터 부상을 당할 가능성이 훨씬 덜하기 때문이다.

가동범위 Range of Motion

가동범위란 관절 움직임의 범위를 표현하기 위해 의학 전문가들이 사용하는 용어이다. 예를 들어 어깨관절의 가동범위는 팔을 앞뒤로 얼마나 높이 들어 올릴 수 있는지 등에 달려 있다. 가동범위는 근육 그리고 인대 및 근막(결합조직)과 같은 기타 조직의 길이 또는 긴장에 의해 영향을 받을 수 있다. 기본적으로 가동범위는 유연성을 표현하는 또 다른 방법일 뿐이다. 관절 또는 척추의 유연성이 부족할 경우에 필라테스 동작은 가동범위를 증가시킬 수 있다. 반면에 가동범위가 과도해서 관절과 척추에 불안정을 초래하는 경우에는 필라테스 동작을 통해 그러한 부위들을 안정화하는 방법을 배울 수 있다. 이렇게 해서 필라테스는 신체에 균형을 되찾아준다. 안정성이 부족한 경우에 가동범위를 제한하는 방법을 이해하는 것이 중요한데, 이러한 이해가 향후 부상의 예방을 도와줄 것이기 때문이다.

대립 Opposition

올라가려고 내려오고 내려가려고 올라간다. 필라테스를 가르칠 때 나는 종종 대립 개념을 시각화하여 동작의 완성도를 높인다. 예를 들어 똑바로 앉은 자세에서 시작하는 롤-다운 동작을 할 때에는 항상 "척추를 분절하여 내려가면서 머리 꼭대기의 뒤쪽에서 당신을 들어 올리는 황금빛 줄이 있다고 상상하라…"고 말한다. 이는 교습생이 롤-다운 동작을 하기 전에 척추를 정말로 길게 들어 올려야 한다는 점을 상기시켜 준다. 기본적으로 내려오면서 올라가는 것이다. 이는 척추를 길게 늘여주어 척추 굴곡에서 오는 압박을 줄여준다. 이는 척추의 건강을 유지하고 부상을 방지하는 데 필수이다. 대립은 교습생들의 동작 형태를 개선하는 데 다양한 방법으로 사용될 수 있다.

엘리의 9번째 원칙: 신체 인식 Ellie's Ninth Principle: Body Awareness

우리는 대부분 몸을 인식하며 살아가는 방법을 배운 적이 없다. 우리는 적절히 앉거나, 서거나, 혹은 걷는 방법을 정말 모르며, 몸이 고장 나면 고치는 방법도 당연히 모른다. 필라테스는 이 모든 것을 가르쳐줄 수 있다. 이 때문에 나는 필라테스를 '상급 동작'이라고 부른다. 우리의 척추, 관절과 근육을 보살피는 방법에 대해 기본 원칙들을 가르쳐주기 때문이다. 또한 필라테스는 우리가 다치지 않는 방법과 우리의 신체를 최대한 활용해 장수를 이끌어내는 방법도 가르쳐준다.

많은 교습생이 "…어깨를 이완시키고, 목의 뒷부분을 통해 신장시키고, 복부를 집어넣어라"라고 얘기하는 내 목소리가 자신의 머릿속에서 계속 들린다고 말할 정도이다.

당신이 인식조차 못하는 잘못된 습관 때문에 통증으로 고생하는 경우에, 유능한 필라테스 강사와 몇 차례 좋은 수업을 가지면 새로운 신체 인식이 얼마나 빨리 신체에 긍정적인 변화를 일으킬 수 있는지를 알고 깜짝 놀랄 것이다.

엘리 허먼의
필라테스 기본 동작

모든 단어를 글자로 나눌 수 있듯이 모든 필라테스 동작도 분리된 부분들로 나눌 수 있다. 필라테스 기본 동작은 학습 과정을 촉진하고 가장 복잡한 필라테스 동작도 쉽게 풀어주는 나만의 방식이다. 거의 모든 상급 동작에는 다양한 동작들에서 반복해서 사용되는 기본 동작들이 포함되어 있다.

복부 집어넣기 Abdominal Scoop

"배꼽을 척추 쪽으로 당겨라…" 나는 아마도 이 말을 내 생애에 100만 번도 넘게 했을 것이다. 이는 필라테스 방법에서 처음, 중간 및 마지막 지시어이다. 복부 집어넣기는 언제 어디서나 할 수 있으며, 솔직히 가능한 한 많이 해야 한다. 해부학적으로 복부 '집어넣기'는 가장 깊숙이 있는 복근을 활용하며, 이들 근육은 내장을 잡아주는 기능을 하고 수축하면 복벽의 직경을 감소시킨다. 복부 집어넣기는 운동복의 고무줄을 팽팽하게 당겼을 때와 흡사한 효과를 낸다. 복근은 4개 층으로 이루어져 있고 가장 깊이 있는 것이 복횡근이다. 두 번째 및 세 번째 층이 내복사근과 외복사근이다. 복부에서 가장 표층에 있는 것이 복직근이다. 복직근은 가장 많이 일하려는 근육이라 놔두면 모든 일을 혼자하게 된다. 복부 집어넣기, 즉 '배꼽을 척추로'라는 이미지는 더 깊이 있는 3개 층을 활용하기 위함이며, 이는 복벽을 압박하고 등의 지지를 돕는 작용을 한다. 모든 동작에서 가능한 한 최대의 효과를 보려면 복부 집어넣기를 사용해야 한다. 복부 부풀리기(pooching)는 집어넣기의 반대이므로 부풀리기는 절대 해서는 안 된다.

균형점 Balance Point

내 용어로 균형점이란 하나의 위치이자 필라테스 매트 운동의 기본 동작이다. 위치로서 균형점은 매트에서 구르는 동작을 시작하고 끝내는 지점이며, 티저 동작의 꼭대기에 이르는 지점이기도 하다. 균형점은 무릎을 구부린 채 윗몸을 일으키고 허벅지 뒤쪽을 잡은 자세로 연습할 수 있다. 꼬리뼈 뒤쪽에서 몸을 살짝 뒤로 굴리고, 복부를 당겨 넣으며, 발을 바닥에서 들어 올린다. 균형을 유지하고 몸이 뒤쪽으로 굴러가지 않도록 하기 위해서는 심부 복근을 활용해 당겨 넣고 허리를 약간 구부려야 한다. 이는 쉽게 균형을 잡기 위해서는 심부 복근을 활용해야 한다는 점을 알려준다.

브리지 Bridge

브리지는 매트와 볼에서 사용되는 초급 동작이며 또한 다른 동작과 연결하여 응용이 용이한 필라테스의 기본 자세이다. 운동학 용어로 브리지는 엉덩이의 신전이다. 일반 용어로는 둔근과 슬괵근을 사용해 엉덩이를 바닥에서 들어 올리는 것을 의미한다. 브리지 자세는 등 근육이 아니라 엉덩이 신근(hip extensors: 고관절 신근-둔근과 슬괵근)으로부터 이루어져야 한다는 점을 강조하고 싶다. 그러므로 브리지를 할 때에는 척추를 중립(또는 약간 굴곡) 상태로 유지해야 하고 척추가 과하게 신전(아치형)되지 않도록 한다. 이는 요가가 아니다!

올바른 브리지 자세: 등이 중립이다.

잘못된 브리지 자세: 등이 과신전되어 있다.

C 곡선 C-Curve

현대무용의 어머니인 마사 그레이엄(Martha Graham)은 척추 굴곡(또는 그녀가 '수축'이라고 한 것)을 도입하여 무용에 혁명을 일으켰다. 그것은 원초적이고 신비로우며 지극히 인간적인 움직임이었다. 조셉 필라테스는 자신의 8번가 스튜디오에서 그레이엄과 함께 작업하였는데, 아마도 그녀로부터 몇 가지 비법을 배

웠으리라는 생각이 든다. (어쩌면 그녀가 그로부터 배웠을 수도 있다.) C 곡선은 등을 둥글게 하는 것, 즉 척추의 굴곡이다. 여기서 'C'는 복부를 집어넣은 후 등의 형태를 표현하는 것이다. 이러한 형태는 항상 깊은 복부 집어넣기로 시작되어야 하고 척추가 아름다운 스트레칭을 이루도록 해야 한다. 많은 필라테스 동작이 C 곡선을 사용한다.

문틀 팔 Door Frame Arms

팔을 앞으로 곧게 뻗고 어깨너비로 벌려 문틀 모양으로 만든다. 팔이 머리 위로 있든지, 바닥에 바로 누운 자세에서 양옆으로 있든지, 혹은 플랭크 자세에서 몸을 지지하고 있든지, 많은 필라테스 동작에서 이 문틀 팔 형태가 사용된다.

문틀 팔: 3방향

힙-업 Hip Up

동작은 이름 그대로이다. 바로 누운 자세에서 다리를 올리고 무릎을 구부리며 문틀 팔 형태로 뻗은 팔을 양옆으로 내린다. 얕은 복부 집어넣기를 사용해 몸통을 뒤로 움직여 엉덩이를 들어 올린다. 힙-업은 하부 복근을 단련시키며, 하부 복근이 약하거나, 등이 긴장되어 있거나, 둔부가 큰 사람들인 경우에 매우 어려운 동작일 수 있다.

공중부양 Levitation

힙-업과 고관절 신전을 결합하면 공중부양이 된다. 원한다면 이렇게 시도해본다. 즉 바닥에 바로 누운 자세에서 복부 집어넣기로 엉덩이를 들어 올리고 힙-업의 꼭대기에서 둔부를 조인다. 엉덩이가 눈에 띄게 더 높이 올라가면서 공중부양 하는 것을 느낄 텐데, 마치 필라테스 여신의 손이 내려와 마법처럼 가뿐히 엉덩이를 바닥에서 들어 올리듯이 말이다.

필라테스 복부 자세 Pilates Abdominal Positioning

필라테스 복부 자세는 바로 누운 자세에서 하는 많은 필라테스 매트 동작을 수행할 때 상체의 위치를 설명하는 나만의 방식이다. 바로 누운 자세에서 견갑골의 아래쪽 끝이 바닥에 살짝 닿거나 약간 떨어질 정도의 높이로만 머리를 바닥에서 들어 올린다. 흉골의 기저부가 바닥에 고정되어 있고 그 고정점을 중심으로 목의 뒷부분과 등 상부를 스트레칭 시킨다고 상상한다. 턱 밑으로 감귤 크기 정도의 공간을 유지해 목의 뒷부분을 과도하게 스트레칭 시키지 않도록 한다. 복부 동작들을 수행할 때 이 자세를 유지하는 것이 필수이다. 머리를 뒤로 젖히면 목에서 피로를 느끼기 시작할 것이고 복부를 충분히 활용하지 못하게 된다. 이 자세를 유지하기 위해서는 상부 복근이 작용해야 하며, 바로 그 부위에서 화끈거리는 자극이 느껴질 것이다.

필라테스 'V' (필라테스 첫 번째 자세)

무용 1번 자세는 다리를 모아 엉덩이에서 바깥쪽으로 턴 아웃(turn-out) 시키고, 무릎은 서로 반대쪽으로 향하게 하며, 발은 'V' 형태로 만든 채 서 있는 자세를 의미한다. 필라테스 'V' 자세는 절대 억지로 턴 아웃을 시켜

서는 안 된다는 점 외에는 무용 1번 자세와 아주 흡사하다. 필라테스 'V'에서는 발을 한 조각의 파이처럼 작은 'V' 형태로 만들어야 한다. 필라테스에서 우리는 이 첫 번째 자세를 많은 동작에 사용하는데, 고관절의 외회전은 대둔근과 허벅지 안쪽 근육을 활용하게 되는데 이는 골반과 척추의 안정화에 도움이 되기 때문이다. (주요 동작 용어 섹션에서 평행 대 턴 아웃을 참고한다.)

세라피 Serape

세라피는 뒤쪽에서부터 앞쪽까지 몸을 감싸는 숄이다. 이는 내 스튜디오에서 사용하는 이미지인데, 티저 자세에서처럼 견갑골은 연결되어 있어 팔을 앞쪽으로 들어 올리면 견갑골이 등을 따라 아래로 당겨진다는 것을 설명하기 위함이다. 전거근과 복사근의 섬유들은 맞물려 있어 몸의 뒤쪽과 앞쪽을 연결한다. 팔을 들어 올리면서 "올라가려고 내려간다"고 생각하면 되는데, 마치 팔이 등 상부에서 나오는 것처럼 말이다.

로즈버드 Rosebud

올바른 목 자세: 척추와 적절하게 연결

잘못된 목 자세: 과한 굴곡

잘못된 목 자세: 과한 신전

장미 한 다발을 사서 보면 꺾어진 꽃봉오리가 하나 정도는 있다. 그 애처로운 장미는 줄기에 떨어질 것 같이 매달려 있다. 올바른 자세를 꺾이지 않은 건강한 장미에 비유한다면 머리는 꽃봉오리, 척추는 줄기인데, 척추를 움직일 때에는 언제나 머리가 꺾임 없이 연속적으로 척추의 곡선을 따라가야 할 것이다. 머리를 '잘못된' 순서로 움직이면(가령 엎드려 누워 백조 자세를 취하거나 등을 신전시킬 때) 머리가 꺾인 꽃봉오리처럼 보일 수 있다. 즉 목이 척추의 나머지 부분보다 더 큰 각도로 구부러진다. 필라테스에서는 꺾인 꽃봉오리 같은 자세를 원하지 않으며, 오직 긴 줄기에 똑바로 핀 건강한 꽃봉오리 같은 자세가 필요하다.

감귤 조이기 Squeeze a Tangerine

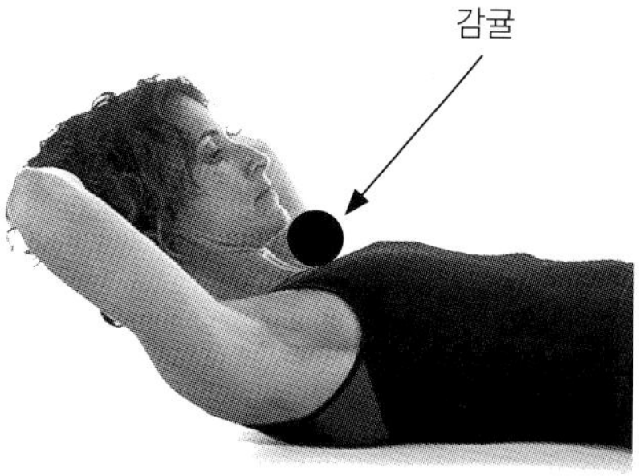

이는 머리를 바닥에서 들어 올려 굴곡시킬 때 머리 움직임의 순서를 설명하는 이미지이다. 이때 머리를 바닥에서 들어 올리기 전에 먼저 머리를 약간 끄덕이듯 구부리고 턱을 가슴 쪽으로 당겨야 한다(그러나 '감귤을 쥐어짜면' 안 되고 턱 아래에 작은 공간을 유지한다). 근육을 사용하는 순서를 보면, 먼저 심부 목 굴근이 활성화하여 머리를 약간 아래로 끄덕여주고 그런 다음 복근이 머리를 매트에서 들어 올린다. 감귤은 필라테스 복부 자세를 취할 때 턱과 가슴 사이의 올바른 거리를 이미지화하는 데 완벽한 공간 크기이다.

테이블 탑 다리 Table Top Legs

테이블 탑 다리는 바로 누워 있을 때 다리의 자세를 설명한다. 이때 무릎과 발은 바닥에서 떼어 올리고, 안쪽 허벅지는 붙여주고, 무릎은 90도로 구부리고, 허벅지는 바닥과 90도 각도를 이루게 한다.

척추 쌓아 들어올리기 Stacking the Spine

척추 쌓아 들어올리기는 필라테스 방법에서 몇 가지 동작들을 마무리하는 자세이다. 척추 쌓아 들어올리기는 척추 분절(articulation)과 아울러 수직으로 일어나는 방법을 가르쳐준다. 이는 굴곡 자세로부터 똑바로 세우면서 앉거나 일어서는 방법이다. 척추 쌓아 들어올리기는 자세는 꼬리뼈에서부터 머리까지 움직이는 순서를 알려준다. 대부분은 C 곡선 자세에서 시작한 다음 척추의 맨 아래에서부터 척추를 한 번에 한 마디씩 쌓아올리되, 머리는 마지막 직전까지 무겁게 처진 상태로 유지한다. 척추는 마지막에 자연스런 척추 곡선을 갖춘 채 완전히 수직이어야 한다. (이 동작을 벽에 대고 연습하면 척추의 수직 정렬을 더 잘 느낄 수 있다.)

척추 쌓아 들어올리기 1

척추 쌓아 들어올리기 2

척추 쌓아 들어올리기 3

흉부 선반 Thoracic Shelf

이는 몸을 등 상부까지 굴려야 하는 모든 척추 전도(inversion) 동작을 할 때 균형을 잡아야 하는 위치를 설명한다. 다시 말해 목이 아니라 견갑골에서 균형을 잡아야 한다. 이 동작은 흉추가 긴장된 사람들인 경우에 어렵다.

올바른 목 자세: '흉부 선반'의 견갑골 사이에서 균형을 잡는다.

잘못된 목 자세: 목쪽으로 굴러서는 안 된다.

주요 동작 용어

분절 Articulation

이는 관절 가동범위를 이르는 또 다른 말이다. 우리는 이 말을 주로 몸을 매트로 구부려 내리면서 통째로 내리는 것이 아니라 척추를 한 번에 한 마디씩 움직이는 것을 언급할 때 사용한다.

전상장골극 Anterior Superior Iliac Spine, ASIS

전상장골극은 골반 전면에 돌출되어 있는 뼈를 말하며, 이 뼈는 서 있을 때 손으로 만져지고 바로 누우면(누운 자세에서) 훨씬 더 눈에 띈다. 이는 골반의 정렬을 확인하는 아주 좋은 기준 뼈가 된다.

연속적인 호흡 Continuous Breathing

특정 몸동작에 맞춰 호흡을 조정하는 것이 아니라 어느 동작이든 일정한 리듬으로 들이쉬고 내쉬는 호흡을 말한다.

신전 Extension

척추, 고관절, 무릎과 발목의 신전

전문적으로 신전은 신체의 일부를 정상적인 해부학적 자세로부터 뒤쪽으로 움직이는 동작이지만, "무릎을 펴라"에서와 같이 '펴기'란 의미로도 사용된다. 또한 "매트에서 팔과 다리를 길게 뻗어라"에서와 같이 '신장' 또는 '스트레칭'을 의미할 수 있다. 척추 신전은 척추가 뒤로 아치를 이루고 복부가 펴지면서 머리나 꼬리뼈가 뒤쪽으로 또는 서로를 향해 움직이는 것을 의미하며, 백조 동작은 이러한 원칙을 가장 잘 보여주는 적합한 동작의 예이다.

굴곡 Flexion

굴곡은 신전의 반대이다. 즉 굴곡은 신체의 일부를 정상적인 해부학적 자세로부터 앞쪽으로 움직이는 동작이다. 또한 굴곡은 "무릎을 구부려라"에서와 같이 '구부리기'를 의미하기도 한다. 척추 굴곡은 몸 앞으로 머리를 골반 쪽으로 또는 골반을 머리 쪽으로 (더 가까이) 가져오는 동작이며, C 곡선 또는 복부 곡선 동작이 좋은 예이다.

어깨, 척추, 고관절, 발목의 굴곡

평행 대 턴 아웃 Parallel VS. Turn-out

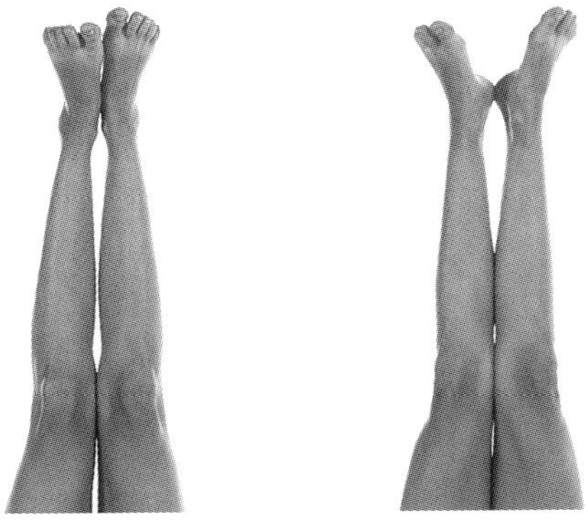

평행 다리 턴 아웃 다리: 필라테스 첫 번째 자세

현대무용 수업을 받아본 사람이라면 아마도 평행 다리 또는 턴 아웃 다리란 용어를 들어보았을 것이다. 간단히 말해 평행은 대부분의 사람들이 서 있을 때 자연스럽게 서 있을 때처럼 무릎이 앞쪽으로 향하게 해서 다리가 중립 자세인 것을 의미한다.

턴 아웃 또는 고관절의 외회전은 무릎 및 발이 서로 반대쪽으로 향하고 다리뼈가 고관절 소켓에서 외측으로 회전되어 있다는 것을 의미한다. 모든 발레 동작은 턴 아웃 상태로 이루어지지만, 현대무용은 다리를 평행으로 해서 하는 동작들이 흔하다. 필라테스에서도 많은 동작을 턴 아웃 상태로 수행한다(필라테스 기본 동작에서 필라테스 'V'를 참고한다). 그러면 왜 턴 아웃을 할까? 턴 아웃은 둔근과 허벅지 안쪽 근육을 모두 활용해 일부 동작들에서 골반의 안정화를 도울 수 있기 때문이다.

엎드려 누운 자세 Prone

이 용어는 복부를 바닥에 대고 눕는 자세를 의미한다.

파워하우스 Powerhouse

파워하우스

파워하우스는 조셉 필라테스 자신이 고안한 용어로, 오늘날 대부분의 뉴욕 지도자들 사이에서 사용되고 있다. 복근, 둔근과 허벅지 안쪽 근육이 함께 작용할 때 파워하우스를 구성한다. 바로 이곳에서 많은 필라테스 동작이 시작될 수 있다. 또한 이곳은 많은 동작에서 표적이 되는 부위이기도 하다. 이러한 근육들은 신체를 안정화하는 주요 근육이고 척추 부상의 방지에 매우 중요하다.

를르베 / 발꿈치 들어올리기 Relevé / High Heel Feet

발꿈치를 들어 올려 발의 무게가 발볼과 발가락에 실리도록 발을 위치시킨다. 이때 발목은 발바닥 쪽으로 굴곡되지만(족저굴곡, plantar flexion) 발가락은 발등 쪽으로 굴곡된다(족배굴곡, dorsiflexion).

바로 누운 자세 Supine

이 용어는 등을 대고 눕는 자세를 의미한다.

몸통 안정성 Torso Stability

몸통 안정성은 주로 복근의 근력에 의해 성취되고 필라테스에서 가장 중요한 개념의 하나이다. 대부분의 필라테스 동작들에서는 팔이나 다리를 움직이면서 몸통을 안정되게 유지해야 한다. 다시 말하자면, 척추 주위로 가해지는 동작을 할 때 복부 근육을 사용해서 척추를 고정시켜 몸통이 움직이지 않게 유지해야 한다. 따라서 이러한 안정성 동작(동작을 지속하는 동안 몸통을 한곳에 고정시킨다면 그것은 안정성 동작이라고 할 수 있다)의 하나를 수행할 때에는 그저 마음속으로 "움직여서는 안 된다"고 생각한다. 이는 안정성의 핵심이다.

약한 몸통 안정성 자세:
잘못된 척추 위치

강한 몸통 안정성 자세:
올바른 척추 위치 - 복근이
등을 바닥에서 평평하게
유지한다.

척추 중립과 골반 중립

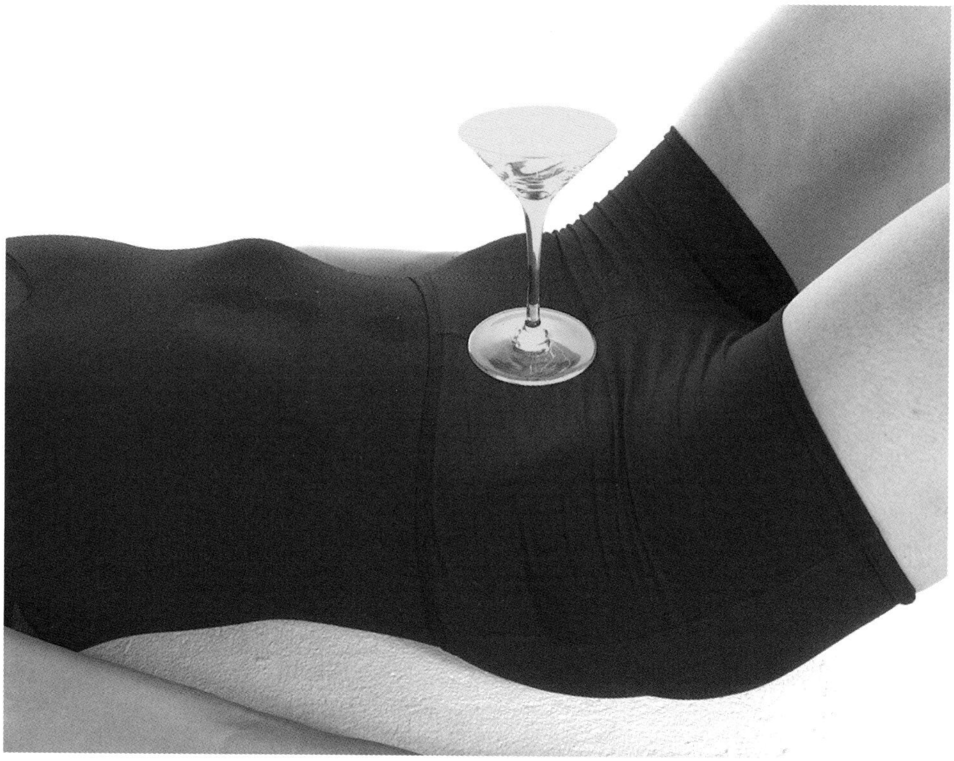

척추 중립은 필라테스 기본 동작에서 가장 미묘하면서도 강력한 원리의 하나이다. 척추가 중립 상태일 때에는 3가지 척추 곡선(경추, 흉추 및 요추 곡선)이 이루어져 달리기, 점프, 또는 걷기를 할 때 충격을 흡수하는 기능을 한다. 그리고 궁극적으로 척추 중립 상태로 생활하면 근육과 뼈에 가해지는 스트레스를 최소화하게 된다. 척추 중립은 완벽한 자세의 아름다움이며, 실제로도 더 좋게 느껴진다. 우리는 이러한 자연스런 곡선을 유지하고 강화하길 원하며, 이 때문에 우리는 필라테스에서 안정성 동작들을 수행할 때 흔히 척추 중립 자세에서 한다.

연구에 따르면 골반이 중립일 때 복횡근(가장 깊이 있는 복근)에 쉽게 접근할 수 있는 것으로 나타났다.

복횡근은 골반저근과 다열근(심부 등 근육)의 도움을 받아 척추를 위한 안정화의 체제를 형성한다. 이러한 심부 안정근은 척추 부상을 치유하고 평생 동안 건강한 척추를 유지 할 수 있는 열쇠를 쥐고 있다.

척추 중립 찾기 - 생각보다 쉽지는 않다

나는 지도자 교육을 시작하면 모든 교습생에게 척추 중립 상태를 찾는 방법을 설명하고 시범을 보이는 데만 2~3시간을 보낸다. 이는 간단한 작업이 아니며, 해부학 지식, 타고난 감각, 지도자로서의 직관 등을 요구한다. 애석하게도 여기에 정해진 것은 없다!

척추 중립을 찾기 위한 첫 단계는 골반 중립을 찾는 것이다. 이는 객관적인 척도로 찾을 수 있는데, 바닥에 누웠을 때 전상장골극(ASIS)과 치골이 삼각형을 형성하면서 바닥과 평행면을 이루는 상태로 쉽게 정의된다. 이들 기준 뼈는 누구나 바로 누워 손가락으로 만지면 느낄 수 있다. 중립 상태일 때 이들 뼈가 형성하는 삼각형은 가득 찬 칵테일 잔을 올려놓아도 그대로 받쳐줄 수 있을 정도로 평평한 면을 이루어야 한다. 골반이 중립 상태이면 칵테일은 완벽하게 균형을 이룰 것이다. 반면 골반이 앞쪽으로 기울어지거나(골반 전방 경사: 허리를 바닥에서 너무 많이 들어 휘어진 상태) 뒤쪽으로 기울어지면(골반 후방 경사: 허리를 바닥으로 납작하게 붙인 상태), 칵테일은 그 중 한 방향으로 쏟아질 것이다. 바로 누워 골반이 중립 상태일 때에는 아래의 바닥에 닿지 않는 부위가 2곳 있어야 하는데, 바로 목과 허리(각각 경추와 요추)이다.

골반 중립 대 척추 중립

바로 누웠을 때 척추는 서 있을 때와 같은 방식으로 움직이지 않으므로, 그에 따라 조정이 필요하다.

일부 사람들은 바로 누운 자세에서 골반이 중립 상태가 되면 요추 또는 흉추가 너무 많이 신전될 수도 있어, 이러한 자세에서 불편함을 느낄 것이다. 왜일까? 그것은 비록 골반은 중립이지만 척추는 중립이 아니기 때문이다. 즉 요추 또는 흉추 만곡이 과도하고 등의 신근이 수축되어 있다. 이는 편안하지 않다.

척추 만곡, 골격 구조물과 근육조직은 사람마다 다르므로 척추 중립은 골반 중립처럼 객관적으로 파악할 수 없다. 이러한 요인들로 인해 누웠을 때 척추의 자세가 달라진다. 엉덩이의 크기도 바로 누웠을 때 척추 정렬의 형태를 변화시키게 된다. 하지만 필라테스 지도자로서 당신의 목표는 교습생이 바로 누운 자세에서 어느 정도 만곡을 유지하면서 등 근육을 이완된 상태로 유지할 수 있도록 척추와 골반의 최적 자세를 찾아주는 것이다.

노련한 지도자인 카렙 로즈도 '중립'을 파악하기 어려운 개념이라고 생각하였고 사람들이 중립 자세를 찾도록 돕기 위해 자신이 사용하는 이미지를 나에게 알려주었는데, "나는 항상 (바로 누웠을 때의) 중립 자세를 천골의 중간 부분과 늑골이 매트에 닿게 하는 것이라고 설명한다"고 말했다. 나도 이러한 설명을 좋아한다.

교습생에게 척추 중립 찾아주기

교습생이 척추 중립을 찾도록 도와주기 위해 지도자는 손을 교습생의 요추 아래로 넣어 지나치게 공간이 크지 않은지 파악한다. 이때 손이 허리 아래로 줄곧(아래쪽에서) 반대편까지 밀려나갈 수 있을 정도이면 안 된다. 요추 아래에는 작은 공간만 있어야 한다(큰 공간은 안 된다). 또한 손이 흉추(흉곽) 아래로 밀려나가서는 안 된다. 흉곽이 들려 있다면 교습생에게 상부 복근을 사용해 흉곽을 매트로 편안하게 내려주라고 지시한다. 흉추는 매트에 완전히 붙어 있어야 한다.

또한 필라테스 지도자들은 척추 신근이 수축되어 있는지도 파악해야 하는데, 이들 근육은 이완된 상태를 유지해야 한다. 이를 파악하기 위해 교습생에게 자세가 편안한지 물어본다. 그들은 알고 있을 것이다!

필요하다면 교습생에게 척추를 좀 더 중립으로 만들기 위해 골반을 후방으로 기울여 요추 곡선을 평평하게 해보라고 말한다. 일부 사람들의 경우에 바로 누운 자세에서 척추가 중립이고 편안한 느낌이 들기 위해서는 골반을 약간 후방으로 기울일 필요가 있다. 바로 누운 자세에서 하는 동작을 수행할 때에는 교습생이 편안함을 느끼는 것이 중요하므로, 필요하다면 골반을 약간 아래로 당긴다. 해당 교습생에게는 이것이 누웠을 때의 중립 자세이다.

척추 중립 받쳐주기

매트에 닿지 않는 척추 부위 아래에 접은 수건이나 끈적이는 매트를 넣어주면 척추 중립 상태를 받쳐줄 수 있다. 이는 골반 전방 경사 또는 척추전만증(lordosis)이 있는 사람들에게 특히 좋다(이들에게 접은 수건이나 끈적이는 매트를 요추 아래에 넣어주면 요추가 매트에 닿는 것을 느낄 것이다. 반대로 골반 후방 경사가 있어 요추 만곡이 좀 더 필요한 사람에게도 요추 아래를 받쳐주면 된다. 또한 경추 곡선이 과도하거나 거북목(forward head)이 있는 사람들은 척추후만증(kyphosis)이 있는 사람들과 마찬가지로(이 두 가지 문제는 종종 함께 온다) 목을 신장시킬 수 있도록 머리를 받쳐줄 필요가 있다.

바로 누운 자세에서 하는 필라테스 안정화 동작들은 절대 척추를 받쳐주지 않은 상태(신전이 과도한 상태)에서 수행해서는 안 되므로, 교습생마다 개별적으로 조정해 자신의 척추 중립 상태를 이해하도록 한다. 교습생에게 척추 아래에 개별적인 도구를 받쳐주면 복근이 사용되는 것을 느끼게 도와줄 수 있으며, 교습생은 복부가 원활하게 사용되고 있음을 느낄 수 있다.

척추 중립 대 편평한 등

뉴욕 필라테스 스튜디오 출신의 많은 지도자는 사람들에게 필라테스 동작들을 수행할 때 허리를 아래로 당기라고 하거나 허리의 곡선을 편평하게 하라고 가르친다. 나의 방법에서는 척추 중립이 안전하고 효과적일 때 척추 중립 자세를 사용하며, 등을 바닥에 붙이는 편평한 등 자세는 적용 가능할 때 사용한다.

내 경험에 비추어보면, '닫힌 자세(closed chain)' 동작을 할 때에만 중립 자세를 사용하는 것이 좋다. 닫힌 자세란 다리가 바닥에 놓여 있거나(C 펄스 동작) 필라테스 기구를 사용할 때처럼 다리가 바 또는 스트랩으로 지지받는(메트로놈, 티저 자세) 경우이다. 필라테스 매트 동작들은 대부분 다리가 공중에 있는 '열린 자세(open chain)'라서 척추가 불안정해지기 쉽다. 열린 자세 동작에서는 편평한 등 자세를 사용하는 것이 더 안전하다. 골반 후방 경사 및/혹은 매우 강한 복근을 가진 교습생들은 열린 자세 동작들에서 골반을 좀 더 중립 자세로 두는 시도를 해볼 수도 있다. 하지만 기구를 사용할 때에는 많은 동작이 닫힌 자세이므로, 자연스런 곡선을 갖춘 척추 중립 자세로 교습생들을 안전하고 효과적으로 가르칠 수 있는 좋은 기회가 된다.

척추 굴곡 | 알아야 할 사항

척추 굴곡은 필라테스 방법에서 가장 흔히 사용되는 동작의 하나이다.

기능

- 바로 누운 자세에서 복근을 강화한다.
- 등의 신근을 스트레칭 시킨다.
- 골반 전방 경사와 척추전만증이 있는 사람들에게 아주 좋다 (특히 요추 굴곡 동작).

일반적 장애

어느 동작과 마찬가지로 대립 근육군에 긴장이 있으면 작용근의 가동범위가 제한된다. 척추 굴곡의 경우에 주작용근은 복근이고 대립 근육군은 등의 신근이다. 따라서 등의 신근이 긴장되어 있으면 척추의 어느 부위에서든 그 부분을 굴곡시키기가 어려울 것이다.

예를 들어 상복부 컬 동작을 취하기가 곤란하다면 일반적으로 목과 등 상부에 긴장이 있다는 것을 나타낸다. 롤-다운 또는 구르는 동작에서 허리를 매트 쪽으로 구부리기가 곤란하다면 아마도 등 하부가 긴장되어 있을 것이다.

일반적 금기사항

척추 굴곡은 척추의 전방 구조물, 즉 추간판과 척추뼈에 압력과 하중을 가하기 때문에, 전방 구조물에 약화 또는 기능장애가 있으면 척추를 굴곡시킬 때 부상을 입기가 쉬울 것이다. 굴곡에 실리는 하중이 커질수록 손상이 심해진다. 필라테스 동작과 그에 따른 하중을 살펴보려면 다음 페이지의 하중이 실리는 척추 굴곡 자세를 참고한다.

• 디스크 기능장애(Disc Dysfunction)

추간판은 척추뼈들 사이사이에 있어 매일 등에 하중을 가하는 엄청난 양의 압박에 대해 충격을 흡수하고 완충하는 기능을 한다. 대부분의 디스크 부상은 일상생활에서 굴곡 시 척추에 가해지는 하중에 기인하며, 궁극적으로 하나 또는 그 이상의 디스크를 약화시키거나, 탈출시키거나, 혹은 '미끄러져나가게' 한다. 다음은 가장 흔한 디스크 기능장애이다.

퇴행(Degeneration): 퇴행은 노화에 따라 우리 모두에게 일어나며, 이로 인해 추간판 수핵 내의 수분 함량이 줄어 디스크가 평평해진다. 퇴행이 과도하면 디스크의 완충 작용이 약해지고 염증과 디스크를 압축하는 척추뼈의 미세한 움직임이 만성 통증을 유발할 수 있다.
탈출(Herniation): 디스크 탈출은 추간판에서 연골성 외층이 파열되어 내부 수핵이 척추를 따라가는 신경근 근처의 공간으로 빠져나가기 때문에 발생하며, 그러면 신경근이 눌려 통증이 동반된다.
부분탈구(Subluxation): 디스크가 정상 위치에서 '미끄러져나가' 전방으로 움직여 신경근을 누르는 상태가 부분탈구로, 통증이 매우 심하다.

이 모든 디스크 기능장애의 경우에 하중이 실리는 척추 굴곡은 금기일 가능성이 높고 증상을 크게 악화시킬 것이다. 일부 디스크 질환들은 척추 신전에 의해 악화되지만, 대다수는 척추 신전에 의해 완화될 수 있다.

• 골다공증(Osteoporosis)

골다공증은 골량과 골밀도가 감소해 골절 위험 및/혹은 발생이 증가하는 것으로 정의된다. 50세 이상의 여성은 검진을 받아 골다공증 또는 골감소증(osteopenia, 증상이 덜 심한 경우)이 있는지 확인해야 한다. 이들 질환이 있는 경우에 굴곡 동작은 보편적으로 금기인데, 약화되어 있어 부러지기 쉬운 척추뼈에 하중을 가하기 때문이다. 대신 이 경우에는 척추를 중립 또는 신전 자세로 두는 동작을 하도록 한다.

하중이 실리는 척추 굴곡 자세

최소 하중 | 중간 하중 | 최대 하중

최소 하중: **위 스프링은** 몸을 당겨 올릴 때 굴곡을 도와주므로 하중이 덜하다. 다리가 공중그네나 퍼지에 의해 떠 있을 때 척추에 가해지는 하중은 줄어든다.

중간 하중: **위 스프링은** 당겨 내릴 때 더 큰 하중을 가할 수 있다.

최대 하중: **아래 스프링은** 항상 더 큰 하중을 가하는데, 스프링 저항에 맞서며 밀어 올려야 하기 때문이다. 몸이 거꾸로 뒤집혀 있으면 기구의 유무와 상관없이 하체의 체중이 척추에 하중을 가한다.

척추 신전 | 알아야 할 사항

등을 신전시키는 동작은 보통 엎드려 누운 자세에서 수행하며, 척추 신근을 적극적으로 사용한다. 많은 매트 필라테스 동작에서 척추 신전은 머리와 목에서 시작하고 척추를 통해 등 상부와 마지막으로 허리까지 순차적으로 진행한다.

기능

- 엎드려 누운 자세에서 척추 및 목 신근을 강화한다.
- 신체 전면, 즉 복근과 가슴을 스트레칭 시킨다.
- 골반 후방 경사가 있는 사람들에게 아주 좋다. 이들은 일반적으로 요추 신근이 신장되어 있고 복근이 긴장되어 있다. 이러한 사람들의 경우에 엉덩이 신근으로 등을 완전히 신전시키는 자세로 시작하는 것이 필수는 아닌데, 이들은 이미 상대적으로 골반이 '당겨진' 자세로 살고 있기 때문이다.
- 척추후만증이 있는 사람들에게 아주 좋다(특히 등 상부 신전 동작).

주의사항

척추전만증과 골반 전방 경사가 있는 사람들은 요추 신근과 엉덩이 굴근(hip flexors: 고관절 굴근)이 단축 및 긴장되어 있으면서 복근과 엉덩이 신근(둔근과 슬괵근)은 약화 및 신장되어 있을 것이기 때문에, 이들을 운동시킬 때에는 주의해야 한다. 이들은 어린 백조 동작만 해야 하며, 머리, 목과 등 상부만 들어 올리고, 허리를 안정되게 유지하며, 복부 집어넣기와 엉덩이 신근(둔근과 슬괵근)을 사용하여 골반을 안정화해야 한다. 이러한 동작은 이들에게 허리 동작이 아니라 둔부와 슬괵근 운동처럼 느껴질 것이다.

일반적 금기사항

척추 신전은 척추의 후방 구조물, 즉 척추관과 후관절에 압력과 하중을 가하기 때문에, 후방 구조물에 약화 또는 기능장애가 있으면 척추를 신전시킬 때 부상을 입기 쉬울 것이다. 신전에 실리는 하중이 커질수록 손상이 심해진다.

· **협착증**

척추 협착증(spinal stenosis)이란 요추의 척추관이 좁아지는 것으로, 노화의 정상적인 일부로 발생하는 관절염 과정이다. 이러한 질환이 있는 사람들은 경증에서 중증까지의 신경 충돌(nerve impingement)을 경험할 것이다.

· **후관절 질환**

후관절(facet joint)은 거의 끊임없이 척추와 함께 움직이고 노화에 따라 단순히 마모 및/혹은 퇴행이 일어난다. 후관절이 마모되면 관절 밑의 뼈에서 반응이 일어나 골극(bone spur)이 형성되고 관절이 비대해질 수 있다(골관절염). 이러한 질환은 '후관절 질환' 또는 '후관절 증후군'이라고 말하기도 하며, 척추를 움직일 때 꽤 고통스러울 수 있다. 척추 협착증, 후관절 질환 등 두 경우에서 척추 신전은 증상을 악화시킬 것이고 척추 굴곡 및/혹은 중립은 증상을 완화시킬 수도 있다.

· **골다공증과 협착증**

척추 굴곡은 골다공증이 있는 사람들에게 금기이고 척추 신전은 협착증이 있는 사람들에게 금기이다. 그러면 골다공증과 협착증이 둘 다 있는 사람들은 어떻게 해야 할까? 이러한 경우에는 첫째도 둘째도 셋째도 중립이다.

디스크 기능장애

척추 신전은 척추 디스크 기능장애(디스크 탈출, 돌출 또는 부분탈구)가 있는 사람들이 해도 되는 동작이다. 왜냐하면 이 동작은 전방으로 척추뼈들 사이의 공간을 열어주며, 디스크가 적절한 공간으로 되돌아갈 수 있도록 해서 충돌을 받으면 통증을 유발하는 척추 신경근으로부터 멀어지게 하기 때문이다.

엉덩이 신근의 역할

등 신전과 엉덩이 신전은 함께 이루어지는데, 척추의 기저부(천골)가 공유되고 이 부위가 고관절 및 골반과 이어져 있기 때문이다. 엉덩이 신전 없이는 등을 완전히 신전시키는 동작(높은 백조를 생각하라)을 온전히 해낼 수 없다.

척추 신전은 허리의 과신전을 막고 완전한 척추 신전을 이루기 위해 엉덩이 신근과 복근에 의해 시작되어야 한다. 이는 매번 복부를 집어넣고 둔근과 슬괵근으로 골반을 당겨 시작한다는 것을 의미한다.

엉덩이 신근(둔근과 슬괵근)이 약한 사람들은 엎드려 누운 자세에서 완전한 등 신전을 이룰 수 없을 것이다. 왜냐하면 골반이 매트에서 안정화할 수 없고 척추가 매트에서 충분히 들릴 수 없기 때문이다. 이러한 문제는 흔히 "엉덩이 굴근의 긴장에 의해 유발된다."

복근의 역할

척추 신전을 시도하면서 복근을 척추 쪽으로 집어넣으면 신전을 척추 전체에 분배하는 데 도움이 될 것이다. 복근을 사용하지 않으면 대부분의 등 신전은 L2~L3에서 일어나게 된다.

따라서 엎드려 누운 자세에서 등을 완전히 신전시키는 동작을 할 때에는 복근과 엉덩이 신근을 둘 다 사용해 움직임을 시작하는 것이 필수이다. 나는 항상 "복부를 척추 쪽으로 집어넣고, 둔근을 조이면서 골반을 아래로 당긴 다음, 몸을 일으켜 등을 신전시키라"고 말한다.

동작 보조하기

나는 복근, 둔근과 슬괵근이 약한 사람들에게 엎드려 누운 자세에서 등을 신전시키는 동작을 가르칠 때에는 요추의 압박을 방지하기 위해 그들을 보조해주도록 권장한다. 종아리를 살며시 눌러주어(또는 캐딜락을 이용한다면 다리를 줄로 묶어도 된다) 그들이 골반을 안정화하고 둔근과 슬괵근을 활성화할 수 있도록 한다. 이렇게 하면 그들은 몸을 끝까지 일으켜 완전한 백조 자세를 취할 수 있을 것이다. 시도해보라. 그들은 마치 다시 일어나는 불사조처럼 보일 것이다.

한 시간의 세션을 계획하는 방법

본 레퍼토리를 당신의 팔레트라고 생각한다. 필라테스 화가인 당신은 자신 또는 교습생이 필요로 하는 것에 대한 지식을 바탕으로 이 팔레트에서 고르고 선택해야 한다.

기억할 점: 본 매뉴얼은 밀어내기 바, 공중그네, 퍼지와 기타 캐딜락 동작들을 소개한다. 완전한 캐딜락 레퍼토리에 대한 이해를 높이려면 아울러 엘리 허먼의『필라테스 스프링보드』에서 팔 스프링, 다리 스프링과 롤-다운 바 동작들에 대한 설명을 참고한다. 교습생을 위해 세션을 계획할 때에는 다음과 같은 사항들을 유념해야 한다.

1. 신체의 모든 부위를 단련 시킨다

코어 운동: 척추 운동은 안정화(stabilization) 동작과 분절(articulation) 동작으로 나눌 수 있다. 이 2가지 강화 동작을 모두 하는 것이 중요하지만, 당신의 교습생이 어느 쪽을 더 필요로 하는지를 파악하는 것도 못지 않게 중요하다. 예를 들어 몸이 매우 경직 및 긴장되어 있어 척추를 어느 방향으로도 거의 움직이지 못하는 교습생을 가르친다면, 안정화 동작보다 분절 동작이 더 바람직할 것이다. 반면 움직임이 과도하고 몸통을 고정시키지 못하고 흐느적거리는 교습생인 경우에는 안정화 동작이 더 적합할 것이다.

*** 재활 시 유의사항**: 척추 부상, 특히 디스크 기능장애가 있는 교습생을 훈련시킬 때에는 안정화 동작이 바람직한 코어 강화 기법이다.

코어 안정화

공중그네로 백번 호흡하기, 밀어내기 바: 편평한 등, 롤-다운 바와 함께 호흡하기

코어 분절

고양이 자세의 모든 버전, 밀어내기 바: 둥근 등, 포르 드 브라, 메트로놈, 원숭이, 타워, 인어, 롤-업

하체

슬괵근 스트레칭, 고관절 열어주기, 문박스에 한쪽 다리 서기

상체

팔 스프링으로 백번 호흡하기, 한쪽 팔 광배근 당기기, 풀-업

전신

워크오버, 발판에 펼쳐진 독수리, 수상스키

2. 척추를 모든 방향으로 움직인다

굴곡: 일반적으로 우리는 굴곡 동작들로 운동을 시작하는데, 그러한 동작들이 복근을 활성화하고 척추에 준비운동이 되기 때문이다.
동작: *백번 호흡하기, 롤-업, 밀어내기 바: 둥근 등, C 곡선 펄스, 티저*

신전: 굴곡 동작 시리즈를 한 후에는 척추의 균형을 위해 척추 신전 동작들을 하도록 한다.
동작: *아기 백조, 백조, 수상스키*

측면 굴곡: 측면 굴곡은 복사근과 요방형근의 스트레칭 및/혹은 강화를 위한 동작으로, 척추측만증과 같은 측면 불균형에 도움이 될 수 있다.
동작: *측면 롤-업 (스프링보드 매뉴얼을 참고한다), 측면 스트레칭*

비틀기: 비틀기 동작은 척추에 좋지만, 디스크 기능장애가 있는 경우에는 하지 않는다.
동작: *인어, 포르 드 브라*

3. 세션이 물 흐르듯이 하게 한다

동작 순서를 흐름에 적합하게 구성해 각각의 동작마다 스프링을 바꿀 필요가 없도록 하고 교습생이 매번 일어나 기구에서 나오지 않도록 한다.

매뉴얼 사용 방법

본 매뉴얼에는 내가 생각하기에 상당히 완벽한 종류의 캐딜락 필라테스 동작들이 실려 있다. 일부는 고전적인 필라테스 동작들인 반면, 다른 일부는 그간 나 자신이나 다른 지도자들이 고안한 동작들이다.

단계

우리는 필라테스 동작들의 단계를 다음과 같이 분류했다.

- 초급(Beginning)
- 중급(Intermediate)
- 상급(Advanced)
- 최상급(Super Advanced)
- 재활(Rehabilitation)

시리즈

필라테스 방법에서는 리포머 및 매트 필라테스를 시리즈로 가르치는데, 이는 각 단계에 특정한 순서 및 흐름이 있다는 의미이다. (캐딜락, 원다 체어 및 바렐을 사용하는 동작들은 보통 시리즈로 가르치지 않는다. 이러한 동작들은 분리되어 있으며, 지도자 또는 교습생이 갖고 있는 특정 문제를 해결하기 위해 운동에 추가할 수 있다.)

한 시간 과정으로 교습생을 가르칠 때에는 최선의 판단을 내려 해당 교습생에게 필수적인 동작들을 결정해야 한다. 아마도 한 시간 이내에 주어진 단계의 모든 동작을 소화할 수 없을 것이다. (심지어 초급 시리즈도 꽤 길 수 있다!) 시리즈는 기구로 하는 동작들을 체계적으로 구성해 틀과 순서를 제공한다.

초급 시리즈: 매뉴얼의 처음부터 시작해서 순서대로 진행해 초급 동작들을 모두 수행한다.

중급 시리즈: 매뉴얼의 처음부터 시작해서 필수적인 초급 동작들을 하고 중급 동작들을 모두 순서대로 수행한다. 초급형과 아울러 중급형이 있는 동작인 경우에는 보다 상급의 동작으로 대체하고 보다 쉬운 동작을 생략한다.

상급 및 최상급 시리즈: 매뉴얼의 처음부터 시작해서 초급 및 중급 동작들을 모두 하고 선정된 상급 및 최상급 동작들을 순서대로 수행한다. 중급형과 상급형이 둘 다 있는 동작인 경우에는 보다 상급의 동작을 하고 보다 쉬운 동작을 생략한다.

동작 단계들은 당신의 몸을 위해 자연스런 진행을 통해 필라테스 방법을 배우도록 하기 위해 마련됐다. 무엇보다도 단계들은 당신을 다치게 하려는 것이 아니라 도와주려는 것이다. 중급 및 상급 동작들은 제대로 수행하려면 상당한 코어 근력을 요한다. 적절한 단계를 넘어 밀어붙이려 하면 지도자 또는 교습생이 부상을 당할 수 있다.

허리 보호: 초급

기타 도움이 되는 사항

각각의 동작에서 **요령 및 주의사항**을 숙지하여 정확한 자세를 이해하도록 한다.

지도자에게는 부상을 입지 않는 것이 가장 중요한 주문과도 같다. 따라서 **금기사항**을 숙지하여 자신 또는 다른 누군가가 다치지 않도록 한다.

특별 수정 동작은 각각의 동작에서 있는 경우에만 요약되어 있다. 이러한 동작은 당신 자신의 속도에 맞춰 진행하도록 돕기 위해 마련됐다. 지도자나 교습생이 언제든지 허리나 목에서 과도한 긴장을 느끼거나 혹은 동작이 너무 어려울 경우에는 해당 동작을 계속 진행하지 않도록 한다. 대신 특별 수정 동작을 살펴본다.

허리 보호: 중급

일반 변형 동작

새로운 동작을 배울 때에는 일부 통증을 일으키는 경우가 흔하다. 다음은 사람들이 근력과 안정성을 얻는 과정에서 직면하는 몇 가지 흔한 문제이다. 아직 이러한 문제가 없는 사람도 이 부분을 반드시 읽어보도록 한다. 요지는 근육과 조직의 과사용 또는 과도한 긴장 가능성을 방지하는 것이다.

허리를 보호하기 위해 동작을 변형하는 방법

일반적으로, 요통을 앓고 있는 경우에 문제를 악화시키지 않도록 하기 위해 몇 가지 사항을 알아야 한다. 매트에 바로 누운 자세에서 몸 앞쪽으로 다리를 내밀어 지지해야 하는 '열린 자세 동작'의 경우에 자세 변형을 할 필요가 있다. 다음과 같은 변형 동작을 시도해본다.

허리 보호: 상급

- 다리를 공중에 올리는 대신 매트에 내려놓는다. 이렇게 하면 동작에서 등의 과도한 긴장도 없어지며, 동작이 '닫힌 자세'가 된다.
- 다리를 곧게 펴는 동작일 경우에는 무릎을 구부린다.
- 다리를 충분히 높게 유지해 매트에서 복부를 집어넣고 척추를 중립으로 한 상태를 반드시 유지할 수 있도록 한다.
- 등에서 과도한 긴장을 느끼면 동작을 멈춘다.

팔로 짚고 엎드린 자세에서 손목 압박을 피하는 방법

올바른 손목 보호 자세: 손목과 어깨로부터 들어 올리고 팔꿈치를 부드럽게 한다.

잘못된 손목 보호 자세: 손목, 팔꿈치를 어깨 쪽으로 몸통이 낮춰지지 않도록 한다.

- 어깨가 올바로 정렬된 상태를 유지한다. 견갑골을 귀에서 멀리 아래로 굴려주어 등 근육으로부터 체중을 받쳐준다고 생각한다.
- 등의 근력으로 매트를 밀어낸다고 생각한다.
- 체중이 손목으로 실리게 해서는 안 된다. 대신 중력을 밀어낸다.
- 팔꿈치를 과신전시켜서는 안 된다. 팔꿈치 안쪽이 서로 마주보는 상태를 유지한다.

목에 부담을 주지 않고 구르는 방법

바른 목 자세: '흉부 선반'의 견갑골 사이에서 균형을 잡는다.

잘못된 목 자세: 목쪽으로 굴러서는 안 된다.

필라테스 동작에는 등 상부 쪽으로 굴려야 하는 여러 동작들이 있다(공처럼 구르기, 잭나이프 등).

- 목쪽으로 굴러서는 안 된다. 대신 견갑골 사이에서 멈춰 균형을 잡는다.
- 뒤로 구를 때에는 제어해야 한다. 너무 빨리 뒤로 굴러 가속도를 제어할 수 없어서는 안 된다.
- 복부를 집어넣으면 너무 멀리 뒤로 구르는 것을 막는 데 도움이 된다.

동작 | EXERCISES

밀어내기 바: 위 스프링

캐딜락만의 특징인 밀어내기 바는 스프링을 이용해 원을 그리는 그리고 아치를 이루는 움직임을 가능하게 한다. 스프링과 거기에 부착된 기구들의 역학적 특성 때문에, 이는 역동적인 동작을 많이 만들어준다. 스프링이 180도를 넘어가면 반대로 작용한다(바를 당겨 내려 저항을 받으며 당기고 있는 경우에 스프링이 캐딜락의 기둥을 지나고 나면 오히려 도움을 주기 시작한다). 이는 놀라운 동작과 긴장 저항 패턴을 만들어주지만 주의와 세심함도 요하며, 그렇지 않으면 지도자나 교습생이 바에 대한 제어력을 잃고 바가 한 바퀴 돌아와 부상을 초래할 수 있다. 따라서 조심한다. 지도자로서 늘 바를 계속 제어하도록 한다. 캐딜락 위의 교습생들을 지도할 때 나는 가능하면 언제나 바 위에 손을 올려 교습생이 바에 대한 제어력을 잃지 않도록 한다.

위 스프링 동작들의 선택

지도자 또는 교습생의 몸에 적합한 동작 순서를 선택한다. 캐딜락 동작들은 서로 별개이긴 하지만, 가장 효율적으로 운동하는 능력을 극대화하는 훌륭한 시리즈들을 구성할 수 있다. 예를 들어 목표가 티저 동작을 향상시키는 것이라면 위 스프링 셋업을 사용해 C 곡선 펄스 및 롤-업 동작을 포함하는 운동을 고려해본다. 동일한 셋업으로 티저 동작을 시도하고 나면 복근이 자신이 해야 할 역할을 알게 되어 자세가 개선될 것이다.

초급, 위 스프링

기구 셋업
캐딜락 밀어내기 바 사용
(위 스프링 1개: 보통 빨강이지만, 체구가 작은 경우에 파랑)

기능과 대상 근육
- 복근 및 광배근 강화, 어깨 안정화
- 척추의 심부 근육과 아울러 슬괵근 및 광배근 스트레칭
- 압박을 줄이는 굴곡의 개념을 익힌다. 즉 척추가 주저앉거나 무너지지 않으면서 C 곡선 자세로 들어가는 순차적인 움직임을 배운다.

요령 및 주의사항
- 동작 내내 발꿈치를 기둥에 댄 상태를 유지하기 위해 슬괵근을 활용하고 다리의 뒤쪽을 길게 늘여준다.
- C 곡선 자세가 주저앉지 않도록 한다. 등을 스트레칭 시키면서 몸통이 들린 상태를 유지한다.
- 바를 계속 제어하도록 한다!
- 손가락은 길게 그리고 손바닥 아랫부분은 바 위로 유지한다.
- 동작 수행 중 가장 어려운 부분들에서 바를 밀 수 있도록 지도자가 교습생을 보조해도 된다(특히 C 곡선을 시작할 때).
- 지도자는 교습생이 C 곡선으로 앞쪽을 향해 스트레칭 할 때 바를 부드럽게 밀어주거나 동작의 마지막에 앞쪽으로 신전시키는 단계에서 견갑골 사이로 밀어주어(이는 아주 좋은 광배근 스트레칭이다) 스트레칭을 도와도 된다.
- 이 동작은 지도자가 교습생을 마사지해줄 수 있는 좋은 기회이기도 하다. 이 동작 중 대개 지도자들은 캐딜락에서 뒤로 앉아 발꿈치를 이용하여 교습생의 척추를 마사지하곤 한다.
- **주의사항**: 불안정한 천장관절(앉아서 하는 굴곡 동작으로 악화될 수 있다), 요추 디스크 기능장애
- **동작 수행의 장애**: 긴장된 슬괵근, 긴장된 등

변형 동작 및 연계 동작
- **연계 동작**: 롤-다운, C 곡선 펄스, 꼬리뼈 컬, 앞 척추 스트레칭

상상하기 _ C 곡선으로 스트레칭 하면서 키를 더 키우려 하고 있다.

엘리 _ "동작 내내 광배근으로 연결된 상태를 유지해 바를 밀어낼 때 광배근이 아니라 복근으로부터 제대로 밀어내도록 한다. 흉곽이 치골 쪽으로 당겨 내려온다고 생각하는데, 여기에는 복근이 깊이 작용하는 순간이 있다.

(* 엘리 : 'Ellie says'를 줄여서 '앨리'로 표현하기로 한다.)

밀어내기 바: 둥근 등

1. 시작자세 - 3회 반복
앉은 자세에서 다리는 곧게 뻗어 열고 발꿈치는 기둥에 댄다. 팔은 펴주고 손바닥은 아래로 향하게 해서 바 위에 올려둔다. 광배근을 활용하고 어깨는 등을 따라 아래로 내린다. 바는 약간 당겨 저항을 느낀다.

시작자세에서 숨을 들이쉬고 척추를 길게 세운다.

2. 숨을 내쉰다
골반을 아래로 당겨 꼬리뼈가 밑에서 당겨주도록 한다. 이어서 바를 당겨 내린 다음(팔이 아니라 복근을 사용하도록 한다) 밀어주면서 척추의 맨 아래에서부터 C 곡선을 만든다.

3. 숨을 들이쉰다
숨을 들이쉬면서 앞쪽으로 스트레칭 한다.

4. 숨을 내쉰다

어깨를 아래로 유지하면서 역순으로 C 곡선을 만든다.

5. 숨을 들이쉰다

척추를 맨 아래에서부터 한 마디씩 쌓아올린다.

6. 숨을 내쉰다

무릎을 구부리면서 몸통을 앞쪽 및 대각선으로 스트레칭 시키며, 겨드랑이를 아래로 내려주어 광배근 스트레칭을 키워준다. 어깨와 흉부가 매우 열려 있다면 흉곽이 몸통과 연결되어 있는 상태를 유지하도록 한다. 척추나 견갑대를 과신전시키지 않는다.

초급, 위 스프링

기구 셋업
캐딜락 밀어내기 바 사용
(위 스프링 1개: 보통 빨강이지만, 체구가 작은 경우에 파랑)

기능과 대상 근육
- 복근, 광배근 및 척추기립근 강화, 어깨 안정화
- 척추의 심부 근육과 아울러 슬괵근 및 광배근 스트레칭
- 편평한 등을 C 곡선으로 만들면서 척추의 순차적인 움직임 익히기
- 하나의 동작에서 척추 안정화 및 가동성 동시 습득

요령 및 주의사항
- 동작 내내 발꿈치를 기둥에 댄 상태를 유지하기 위해 슬괵근을 활용하고 다리의 뒤쪽을 길게 늘여준다.
- 복근을 사용하여 척추를 길게 늘여주고 안정화한다.
- 광배근을 사용하여 어깨를 안정화하고 상완골이 등 쪽으로 당겨진 상태를 유지한다.
- 바를 계속 제어하도록 한다!
- 손가락은 길게 그리고 손바닥 아랫부분은 바 위로 유지한다.
- 지도자는 교습생이 C 곡선으로 앞쪽을 향해 스트레칭 할 때 또는 동작의 마지막에 앞쪽으로 신전시킬 때 바를 부드럽게 밀어주어(이는 아주 좋은 광배근 스트레칭이다) 스트레칭을 도와도 된다.
- 이 동작은 지도자가 교습생을 마사지해줄 수 있는 좋은 기회이기도 하다. 이 동작 중 대개 지도자들은 캐딜락에서 뒤로 앉아 발꿈치를 이용하여 교습생의 척추를 마사지하곤 한다.
- **주의사항**: 불안정한 천장관절(앉아서 하는 굴곡 동작으로 악화될 수 있다), 요추 디스크 기능장애
- **동작 수행의 장애**: 긴장된 슬괵근, 약한 광배근, 약한 코어

변형 동작 및 연계 동작
- **연계 동작**: 밀어내기 바: 둥근 등, 몸통 안정화를 요하는 앉아서 하는 동작들
- **변형 동작**: 고관절 굴근을 활용하지 않으려면 앉은 자세에서 양쪽 다리를 캐딜락의 틀 바깥으로 내리고 한다.

상상하기 _ 깊은 구렁 속으로 뒤쪽으로 떨어지고 있다.

엘리 _ "몸통 안정화가 부족한 사람들에게 좋은 동작이다."

밀어내기 바: 편평한 등

1. 시작자세 - 3회 반복
앉은 자세에서 다리는 곧게 뻗어 열고 발꿈치는 기둥에 댄다. 팔은 펴주고 손바닥은 아래로 향하게 해서 바 위에 올려둔다. 광배근을 활용하고 어깨는 등을 따라 아래로 내린다. 바는 약간 당겨 저항을 느낀다.

시작자세에서 숨을 들이쉬고 척추를 길게 세운다.

2. 숨을 내쉰다
숨을 내쉬고 몸통을 뒤로 젖히며, 바를 눌러 내리면서 신전된 척추를 유지한다(광배근을 사용하여 바를 움직이고 복근을 사용하여 척추를 안정화한다). 편평한 등을 최대한 오래 유지한다. 바를 밀어 내리다 보면 편평한 등을 더 이상 유지할 수 없는 지점에 이를 것이다. 그 시점에서 척추가 긴 곡선을 이루며 앞쪽으로 스트레칭 되도록 해준다.

3. 숨을 들이쉰다
숨을 들이쉬면서 앞쪽으로 스트레칭 한다.

4. 숨을 내쉰다

숨을 내쉬면서 역순으로 움직이며, 척추를 맨 아래에서부터 한 마디씩 쌓아올려 최대한 빨리 편평한 등으로 돌아온다.

5. 숨을 들이쉰다

바를 뒤로 그리고 위로 제어하면서 몸통을 뒤로 젖혀주되, 어깨는 아래로 유지하고 광배근을 사용하여 움직임을 제어한다.

6. 숨을 내쉰다

시작자세를 지나면서 무릎을 구부리고 몸통을 앞쪽 및 대각선으로 스트레칭 시키며, 광배근 및 흉부 스트레칭을 위해 겨드랑이를 아래로 내려준다.

변형 동작

고관절 굴근을 활용하지 않으려면 앉은 자세에서 양쪽 다리를 캐딜락의 틀 바깥으로 내리고 한다.

초급, 위 스프링

기구 셋업
캐딜락 밀어내기 바 사용
(위 스프링 1개: 보통 빨강이지만, 체구가 작은 경우에 파랑)

기능과 대상 근육
- 흉근 및 견갑대 스트레칭
- 압박을 줄이는 굴곡의 개념을 익힌다. 즉 척추가 주저앉거나 무너지지 않으면서 C 곡선으로 들어가는 순차적인 움직임을 배운다.

요령 및 주의사항
- 특히 팔꿈치를 과신전시키는 경향이 있는 사람인 경우에 스트레칭에 아주 주의한다. 이 동작을 수행하는 동안 관절을 보호하기 위해 팔꿈치를 부드럽게 유지하도록 한다.
- C 곡선 자세가 주저앉지 않도록 한다. 스트레칭 하면서 몸통이 들린 상태를 유지하고 편안한 수준 이상으로 넘어가지 않도록 한다.
- 바를 계속 제어하도록 한다!
- 손가락은 길게 그리고 손바닥 아랫부분은 바 위로 유지한다.
- **주의사항**: 팔꿈치나 어깨관절의 과운동성(hypermobility)이 있는 경우에 이 동작을 여전히 할 수는 있지만 최선의 선택은 아닐 수도 있다.
- **주의사항**: 불안정한 천장관절(앉아서 하는 굴곡 동작으로 악화될 수 있다), 요추 디스크 기능장애
- **동작 수행의 장애**: 과하게 굽은 어깨 또는 척추후만증 경향이 있는 경우에 아마도 흉근 스트레칭을 할 수는 있지만 이 동작을 올바로 수행하기가 매우 어려울 수도 있다.

변형 동작 및 연계 동작
- **연계 동작**: 밀어내기 바: 둥근 등

상상하기 _ 언젠가 더 열린 어깨를 가지게 될 것이다.

엘리 _ "거꾸로 팔 자세는 매우 강렬한 동작이고 모두를 위한 동작은 아니다. 팔꿈치나 어깨 과운동성이 있어 걱정되는 사람은 이 운동을 건너뛴다!"

1. 시작자세 - 2~3회 반복
밀어내기 바 반대쪽을 향해 앉은 자세에서 다리는 곧게 뻗어 서로 조여주고 발은 굴곡시킨다. 한쪽 팔로 몸의 뒤에 있는 바를 붙잡아(혹은 지도자가 교습생을 위해 바를 당겨 내려준다) 밀어 내려 양 손바닥은 아래로 향해 바 위에 두고 팔은 펴준다(팔을 과신전시키지 않도록 하고 팔꿈치를 부드럽게 유지한다).

시작자세에서 숨을 들이쉬고 척추를 길게 세운다.

2. 숨을 내쉰다
바를 뒤로 밀어내면서 척추의 맨 아래에서부터 시작해 뒤로 C 곡선을 만든다. 편안함을 느끼는 한도에서 멀리 스트레칭 한다.

3. 숨을 들이쉰다
숨을 들이쉬면서 스트레칭 한다.

4. 숨을 내쉰다

앞으로 C 곡선을 만든다. 팔꿈치를 부드럽게 유지하면서 바를 위로 제어하고 밀어 올려 대각선으로 멀어지게 한다(척추로 C 곡선을 유지한다).

5. 숨을 들이쉰다

숨을 들이쉬면서 스트레칭 한다.

여러 번 반복하고자 한다면 C 곡선을 심화시키면서 바를 당겨 내려 계속한 다음 단계 2부터 반복한다. 척추를 순차적으로 쌓아올리지 않는다. 단순히 바를 뒤로 밀어주는 동작을 해도 척추를 분절하게 될 것이다.

초급, 위 스프링

기구 셋업
캐딜락 밀어내기 바 사용
(위 스프링 1개: 보통 빨강이지만, 체구가 작은 경우에 파랑)

기능과 대상 근육
- 대단히 좋은 가동범위 운동이다.
- 척추측만증과 같은 자세 불균형이 있는 사람들에게 효과적이다.
- 척추의 심부 근육과 아울러 슬괵근, 요방형근, 광배근 및 견갑대 스트레칭

요령 및 주의사항
- 동작 내내 발꿈치를 기둥에 댄 상태를 유지하기 위해 슬괵근을 활용하고 다리의 뒤쪽을 길게 늘여준다.
- C 곡선 자세로 주저앉지 않도록 한다. 스트레칭 하면서 몸통이 들린 상태를 유지한다.
- 바를 계속 제어하도록 한다!
- 손가락은 길게 그리고 손바닥 아랫부분은 바 위로 유지한다.
- 지도자는 C 곡선으로 앞쪽을 향해 스트레칭 할 때 바를 잡지 않은 팔을 부드럽게 당겨주거나, 혹은 동작의 마지막에 바를 밀어 올려주고 교습생이 옆으로 몸통을 비틀 때 엉덩이가 매트에 붙어 있도록 해주어(교습생들은 이를 매우 좋아한다) 스트레칭을 도와도 된다.
- **주의사항**: 불안정한 천장관절(앉아서 하는 굴곡 동작으로 악화될 수 있다), 요추 디스크 기능장애
- **동작 수행의 장애**: 긴장된 슬괵근, 긴장된 등, 긴장된 어깨

변형 동작 및 연계 동작
- **연계 동작**: 롤-다운, 앞 척추 스트레칭, 밀어내기 바: 둥근 등
- **변형 동작**: 편평한 등: 다음 페이지 참고

상상하기 _ 팔로 원을 그리고 있다.

엘리 _ "이 동작은 아주 훌륭한 가동범위 운동이다."

포르 드 브라

1. 시작자세 - 각 측면으로 1회 반복
앉은 자세에서 다리를 곧게 뻗어 열고 발꿈치를 기둥에 댄다. 한쪽 손은 손바닥을 아래로 향해 바의 중간을 잡고 다른 쪽 손은 손바닥을 위로 향해 몸 앞쪽 바 밑으로 곧게 뻗어준다.

시작자세에서 숨을 들이쉬고 척추를 길게 세운다.

2. 숨을 내쉰다

바를 당겨 내리면서 척추의 맨 아래에서부터 시작해 C 곡선을 만들고 바가 멈추게 할 때까지 롤-다운을 한 다음 이 C 곡선 자세를 잠시 유지한다. 바를 잡지 않은 팔로 포르 드 브라(팔을 옆으로 펼쳐주는 동작)를 시작하고 계속 원을 그려준다. 팔로 원을 그리면서 엉덩이가 평행하고 매트에 붙어 있는 상태를 유지하도록 한다. 원을 너무 크게 그려서 몸이 중심축에서 흔들리지 않도록 한다. 원 그리기의 마지막 단계를 완료하면서 복근을 사용하여 바를 앞쪽으로 밀어주고 바를 잡지 않은 팔을 바를 잡고 있는 손 위로 교차시킨다.

3. 숨을 들이쉰다

숨을 들이쉬면서 스트레칭 한다.

4. 숨을 내쉰다

C 곡선을 역순으로 만들면서 풀어주고 포르 드 브라 동작의 방향을 바꾼다.

5. 호흡하면서 스트레칭 한다

팔로 원 그리기를 완료하면서 바를 밀어 올리고, 척추를 신전시키고, 무릎을 구부리고 (필요에 따라), 몸통을 앞쪽 및 대각선으로 스트레칭 시켜 바를 잡지 않은 손으로 반대쪽 기둥을 잡되 손바닥은 안으로, 엄지손가락은 아래로 향하게 한다(제대로 된 열린 비틀기 스트레칭을 하려면 몸을 가로질러 뻗어주어야 한다).

측면을 바꿔준다.

변형 동작: 편평한 등

앉은 자세에서 시작하고 흉부가 들린 상태를 유지하면서 몸통을 뒤로 젖히며, 계속해서 포르 드 브라 동작을 해서 최대한 빨리 편평한 등으로 돌아온다. 이 변형 동작에서는 척추 신전 및 굴곡으로 들어가고 나오게 된다.

스트레칭 도와주기

초급, 위 스프링

기구 셋업
캐딜락 밀어내기 바 사용
(위 스프링 1개: 보통 빨강이지만, 체구가 작은 경우에 파랑)

기능과 대상 근육
- 복근 강화, 어깨 및 골반 안정화
- 척추의 심부 근육과 아울러 광배근 스트레칭
- 척추에 아주 적은 하중이나 아무런 하중도 가하지 않으면서 하는 척추 분절 및 굴곡 익히기

요령 및 주의사항
- C 곡선 자세가 주저앉지 않도록 한다. 스트레칭 하면서 몸통이 들린 상태를 유지한다.
- 바를 계속 제어하도록 한다!
- 손가락은 길게 그리고 손바닥 아랫부분은 바위로 유지한다.
- 지도자는 동작의 마지막에 교습생의 엉덩이를 살짝 뒤로 당겨주고/또는 바를 밀어주어(이는 아주 좋은 광배근 스트레칭이다) 스트레칭을 도와도 된다.
- **주의사항**: 무릎 꿇는 자세가 곤란한 사람인 경우에 이 동작을 피하거나 자세를 부드럽게 해주기 위해 베개를 사용한다(베개를 무릎과 정강이 밑에 받쳐 발목의 굴곡을 줄여주거나 둔부 밑과 종아리 위에 두어 무릎의 굴곡을 줄여준다).

변형 동작 및 연계 동작
- **연계 동작**: 매트의 고양이 자세

상상하기 _ C 곡선을 시작하면서는 폭포를 타고 떨어진다. 신전을 시작하면서는 파도 아래로 다이빙한다. 신전의 끝부분에서는 숨을 쉬기 위해 올라온다.

엘리 _ "캐딜락에서 하는 고양이 자세는 가장 전형적이고 가장 많이 사용되는 고양이 자세이다. 고양이 자세는 아마도 사람들에게 순수하고 간단하게 척추 분절을 가르칠 수 있는 최고의 연계 동작일 것이다."

고양이

1. 시작자세 - 3회 반복
무릎 꿇은 자세에서 발꿈치로 앉고 무릎을 바 아래로 정렬한다. 손바닥을 아래로 향하게 한 채 손은 바 위에 올려주고, 엄지손가락은 다른 손가락들과 함께 두며, 팔은 약 90도로 구부려 바를 당길 때 팔꿈치가 곧장 아래로 내려가도록 한다.

시작자세에서 숨을 들이쉬고 척추를 길게 세운다.

2. 숨을 내쉰다
먼저 어깨는 등을 따라 아래로 내리는 것으로 시작해 바를 당겨 내리고(이두근이 아니라 광배근을 사용한다) 팔이 곧게 펴질 때까지 계속해서 밀어준다.

3. 숨을 들이쉰다
숨을 들이쉬고 척추를 길게 늘여준다.

4. 숨을 내쉰다
머리 꼭대기에서부터 시작해 척추를 껍질 벗기듯 굴려 내린다. 바를 앞쪽으로 밀어주어 계속해서 척추 분절을 심화시키면서 동시에 척추를 뒤쪽으로 스트레칭 시켜 C 곡선을 키워준다. 대문자 C 모양의 최대 굴곡에 이를 때까지 복근을 충분히 사용하여 분절한다. 그때부터 바를 앞쪽으로 밀어주고 척추를 신전시키면서 무릎 위로 올라오되, 꼬리뼈는 머리에서 멀리 뒤로 뻗어주고, 어깨는 등을 따라 아래로 안정화하며, 시선은 살짝 들어준다. 배는 집어넣은 상태를 유지하여 요추의 과신전을 피한다.

5. 숨을 들이쉰다

숨을 들이쉬고 신전을 키워주도록 한다.

6. 숨을 내쉰다

꼬리뼈를 아래로 당기는 것으로 시작해 역순으로 움직여 다시 발꿈치로 앉을 때까지 복근으로 C 곡선을 다시 만들어준다.

7. 숨을 들이쉰다

팔을 곧게 유지하면서 척추를 맨 아래에서부터 한 마디씩 쌓아올려 완전히 쌓아올린 다음 팔꿈치를 구부리고 광배근으로 제어하며 바를 올린다.

8. 숨을 내쉰다

광배근 스트레칭을 위해 바를 위로 멀리 밀어주고 겨드랑이를 바닥 쪽으로 내리되, 여전히 발꿈치로 앉은 자세를 유지한다.

중급, 위 스프링

기구 셋업
캐딜락 밀어내기 바 사용
(위 스프링 1개: 보통 빨강이지만, 체구가 작은 경우에 파랑)

기능과 대상 근육
- 척추의 심부 근육과 아울러 광배근 스트레칭
- 파워하우스의 근육들 및 슬괵근 강화와 아울러 어깨 및 골반 안정화
- 초급 버전보다 파워하우스를 더 강화하면서 척추 분절 익히기

요령 및 주의사항
- 엉덩이는 무릎 바로 위로 유지한다. 이 자세는 보기보다 더 어렵고 코어 근력을 많이 요한다.
- 바를 계속 제어하도록 한다! 목과 어깨를 긴장시키지 않으면서 바를 단단히 잡은 상태를 유지한다.
- 지도자는 신전 단계에서 엉덩이를 고정시켜 주어 교습생의 안정화를 도와도 된다.
- **주의사항**: 무릎 꿇는 자세가 곤란한 사람인 경우에 이 동작을 피하거나 자세를 부드럽게 해주기 위해 베개를 사용한다.
- **동작 수행의 장애**: 균형감 저하, 넘어가는 것에 대한 두려움, 약한 파워하우스, 약한 슬괵근, 긴장된 등, 긴장된 광배근, 불안정한 어깨

변형 동작 및 연계 동작
- **연계 동작**: 매트의 고양이 자세, 캐딜락의 고양이 자세(초급 버전)

상상하기 _ C 곡선을 시작하면서는 폭포를 타고 떨어진다. 신전을 시작하면서는 파도 아래로 다이빙한다. 신전의 끝부분에서는 숨을 쉬기 위해 올라온다.

엘리 _ "이 동작은 생각보다 훨씬 더 어렵다. 슬괵근을 계속 작용시켜 몸의 균형을 유지한다."

무릎으로 선 고양이

1. 시작자세 - 3회 반복
무릎으로 선 자세에서 슬괵근과 복근을 사용하여 대퇴골이 앞쪽으로 완벽히 세워진 상태를 유지한다. 손바닥을 아래로 향하게 한 채 손은 바 위에 올려주고 팔은 약 90도로 구부려 바를 당길 때 팔꿈치가 곧장 아래로 내려가도록 한다. 광배근을 활용하고 어깨는 등을 따라 아래로 내려준다.

시작자세에서 숨을 들이쉬고 척추를 길게 늘여준다.

2. 숨을 내쉰다
먼저 견갑골은 등을 따라 아래로 당기는 것으로 시작해 바를 당겨 내리고(이두근이 아니라 광배근을 사용한다) 팔이 곧게 펴질 때까지 계속해서 바를 밀어준다.

3. 숨을 들이쉰다
숨을 들이쉬고 척추를 길게 늘여준다.

4. 숨을 내쉰다
팔로 바를 앞쪽으로 계속 밀어주면서 머리 꼭대기에서부터 시작해 척추를 껍질 벗기듯 굴려 내리고 파워하우스와 슬괵근을 사용하여 엉덩이를 무릎 바로 위로 유지한다. 팔로 바를 앞쪽으로 밀어내는 내부 저항을 사용하면서 계속해서 분절을 심화시키고 척추를 뒤쪽으로 스트레칭 시켜 C 곡선을 키워주되, 엉덩이가 무릎 뒤로 주저앉지 않게 한다.

5. 숨을 들이쉰다
바를 앞쪽으로 밀어주면서 신전 자세로 들어간다. 꼬리뼈는 머리에서 멀리 뒤로 뻗어주고, 어깨는 등을 따라 아래로 안정화하며, 시선은 살짝 들어준다.

6. 숨을 내쉰다
꼬리뼈를 아래로 당기는 것으로 시작해 역순으로 움직여 파워하우스로 C 곡선을 다시 만들어주되, 엉덩이를 무릎 위로 유지한다. 척추를 한 마디씩 쌓아올린다. 팔은 여전히 곧게 편다.

7. 숨을 들이쉰다
광배근으로 바를 제어하며 90도로 들어 올린다.

8. 숨을 내쉰다
견갑골을 아래로 당기고 흉부를 들어 올리면서 바를 다시 당겨 내리고 척추를 신전시키며, 시선은 천장으로 옮긴다.

9. 숨을 들이쉰다
숨을 들이쉬어 다시 중립으로 들어 올려주고 물 흐르듯 '폭포를 타고 떨어지는 동작'으로 바로 들어가 동작을 반복한다(단계 4부터).

초급, 위 스프링

기구 셋업
캐딜락 밀어내기 바 사용
(위 스프링 1개: 보통 빨강이지만, 체구가 작은 경우에 파랑. 바가 캐딜락의 틀 바깥으로 옮겨져 있다.)

기능과 대상 근육
- 복근 강화, 어깨 및 골반 안정화
- 척추의 심부 근육과 아울러 광배근 스트레칭
- 무릎을 꿇지 못하는 사람에게 적합한 동작
- 몸에 힘이나 하중을 가하지 않으면서 척추 분절 익히기

요령 및 주의사항
- C 곡선 자세가 주저앉지 않도록 한다. 스트레칭 하면서 몸통이 들린 상태를 유지하고 체중을 발목 위로 유지한다.
- 바를 계속 제어하도록 한다!
- 손가락은 길게 그리고 손바닥 아랫부분은 바 위로 유지한다.
- 동작 내내 무릎을 부드럽게 유지한다. 체중은 발에 실려야 하며, 그렇지 않으면 신전 단계에서 교습생이 앞쪽으로 넘어갈 위험이 있다!
- 지도자는 동작의 마지막에 몸통을 앞쪽으로 신전시킬 때 부드럽게 바를 밀어주어(이는 아주 좋은 광배근 스트레칭이다) 교습생의 스트레칭을 도와도 된다.
- **동작 수행의 장애**: 균형감 저하, 긴장된 등 및/혹은 광배근

변형 동작 및 연계 동작
- **연계 동작**: 매트의 고양이 자세

상상하기 _ C 곡선을 시작하면서는 폭포를 타고 떨어진다. 신전을 시작하면서는 파도 아래로 다이빙한다. 신전의 끝부분에서는 숨을 쉬기 위해 올라온다.

엘리 _ "동작을 흐느적거려 망치지 않도록 한다. 팔의 움직임을 척추의 움직임에서 분리한다."

서 있는 고양이

1. 시작자세 - 3회 반복
선 자세에서 발은 엉덩이 너비로 벌려주고 무릎은 부드럽게 해주어 체중이 발에 실리고 몸의 중심을 느낄 수 있도록 한다. 손바닥을 아래로 향하게 한 채 손은 바 위에 올려주고 팔은 약 90도로 구부려 바를 당길 때 팔꿈치가 곧장 아래로 내려가도록 한다. 광배근을 활용하고 어깨는 등을 따라 아래로 내려준다.

시작자세에서 숨을 들이쉬고 척추를 길게 세워 선다.

2. 숨을 내쉰다
바를 당겨 내린 다음(이두근이 아니라 광배근을 사용한다) 팔이 곧게 펴질 때까지 계속해서 밀어준다(몸의 중심에서 벗어나지 않도록 주의한다).

3. 숨을 들이쉰다
숨을 들이쉬고 자세를 유지한다.

4. 숨을 내쉰다
마치 폭포를 타고 떨어지는 것처럼 머리 꼭대기에서부터 시작해 척추를 껍질 벗기듯 굴려 내린다. 바를 앞쪽으로 밀어주어 계속해서 척추 분절을 심화시키면서 동시에 척추를 뒤쪽으로 스트레칭 시켜 C 곡선을 키워주고 몸의 중심에 머문다. 최대 굴곡에 이를 때까지 복근을 충분히 사용하여 분절한다. 그때부터 무릎을 더 깊이 구부리고 바를 앞쪽으로 밀어주면서 척추를 신전시키되, 꼬리뼈는 머리에서 멀리 뒤로 뻗어주고, 어깨는 등을 따라 아래로 안정화하며, 시선은 살짝 들어준다.

5. 숨을 들이쉰다
숨을 들이쉬고 신전을 키워주도록 한다.

6. 숨을 내쉰다

꼬리뼈를 밑으로 당기는 것으로 시작해 역순으로 움직여 복근으로 C 곡선을 다시 만들어주되, 팔은 곧게 유지한다.

7. 숨을 들이쉰다

척추를 길게 세워 설 때까지 척추를 맨 아래에서부터 한 마디씩 쌓아올리되, 무릎은 부드럽게 유지하고, 어깨는 등을 따라 아래로 안정화하며, 팔은 곧게 그리고 바는 아래로 유지한다. 그런 다음 팔꿈치를 구부리면서 광배근으로 바를 제어하며 올린다.

8. 숨을 내쉰다

선 자세에서 광배근 스트레칭을 위해 바를 밀어 올리면서 숨을 내쉰다(이때 무릎을 구부릴 필요가 있을 것이다).

초급, 위 스프링

기구 셋업
캐딜락 밀어내기 바 사용
(위 스프링 1개: 보통 빨강이지만, 체구가 작은 경우에 파랑. 바가 캐딜락의 틀 바깥으로 옮겨져 있다.)

기능과 대상 근육
- 요방형근 및 광배근 스트레칭
- 척추측만증과 같은 자세 불균형의 교정에 효과적이다.

요령 및 주의사항
- 스트레칭을 키워주기 위해 체중이 바깥쪽 다리에 실린 상태를 유지한다.
- 스트레칭을 편안하게 극대화하도록 해주는 위치를 찾을 때까지 발의 위치를 조정해준다. 90도는 일부 사람들에게 압박감을 주거나 어색하게 느껴질 수 있다.
- 바를 계속 제어하도록 한다!
- 손가락은 길게 그리고 손바닥 아랫부분은 바 위로 유지한다.
- **주의사항**: 디스크 기능장애
- **동작 수행의 장애**: 균형감 저하, 긴장된 등 및/혹은 광배근

변형 동작 및 연계 동작
- **연계 동작**: 캐딜락의 측면 스트레칭

엘리 _ "이 동작의 요지는 스트레칭이다. 몸통을 비틀면서 굴곡시키는 것이다."

옆으로 서 있는 고양이 Side Standing Cat

1. 시작자세 - 각 측면으로 1회 반복
선 자세에서 발은 엉덩이 너비로 벌려주고 엉덩이는 바와 90도 각도를 이루도록 위치시킨다. 서 있는 고양이 자세와 같이 무릎은 부드럽게 구부려 체중이 발에 실릴 수 있도록 한다. 손바닥을 아래로 향하게 한 채 손은 바 위에 올려주고 몸통은 비틀어 어깨가 바를 향해 열리도록 한다.

2. 숨을 내쉰다
숨을 내쉬면서 바를 당겨 내리고 팔이 곧게 펴지고 요방형근에서 스트레칭을 느낄 때까지 계속 밀어준다. 복부를 안으로 당기고 체중을 바깥쪽 엉덩이 및 다리에 실어 스트레칭을 키워준다.

3. 숨을 들이쉬고, 내쉬고, 들이쉰다
자신이 원하는 만큼 많이 호흡을 하면서 이 자세를 유지한다. 이 동작의 요지는 스트레칭이므로 조급한 느낌으로 서두르지 않아야 한다. 자세에서 나올 준비가 되었을 때 하면 그만이다.

4. 숨을 내쉰다
역순으로 움직여 척추를 길게 세워 설 때까지 척추를 맨 아래에서부터 척추를 한 마디씩 쌓아 올린다. 체중이 발에 실린 느낌을 유지하도록 하며, 그렇지 않으면 바에 의해 몸의 중심에서 밀려나갈 수도 있다.

1. 시작자세 - 3~5회 반복

캐딜락 테이블의 측면에 앉아 다리를 모서리에 걸치거나 롱 박스로 받쳐준다. 밀어내기 바 쪽 손의 손바닥 아랫부분을 바 위에 올려놓되, 엄지손가락을 다른 손가락들과 함께 그리고 손가락들을 길게 유지한다. 충분히 멀리 앉아(약 45cm) 바를 당겨 내릴 때 팔이 90도 각도를 이루도록 한다.

시작자세에서 숨을 들이쉰다.

2. 숨을 내쉰다

숨을 내쉬고 어깨는 등을 따라 아래로 내리면서 광배근을 사용하여 바를 당겨 내린다(이두근을 사용하지 않는다). 팔꿈치와 손목이 귀와 정렬된 상태를 유지하면서 팔이 곧게 펴질 때까지 계속해서 바를 밀어준다(몸의 중심에서 벗어나거나 팔꿈치를 과신전시키지 않는다).

3. 숨을 들이쉰다

숨을 들이쉬고 자세를 잠시 유지한다.

4. 숨을 내쉰다

숨을 내쉬고 광배근으로 바를 제어하며 위로 올린다. 이때 팔꿈치는 귀와 정렬되고, 어깨는 아래로 내려지며, 엉덩이는 매트에 수평으로 붙어 있는 상태를 유지하도록 주의한다. 주의를 기울이지 않으면 제자리로 돌아오는 바가 몸을 중심에서 밀어낼 수 있으므로, 복근을 사용하여 동작 내내 자세를 정확하게 유지하도록 한다.

수정 동작: 수정된 광배근 당기기

초급/재활, 위 스프링

기구 셋업

캐딜락 밀어내기 바 사용
(위 스프링 1개: 보통 빨강이지만, 체구가 작은 경우에 파랑)

기능과 대상 근육

- 광배근 강화
- 올바른 어깨 외전 및 내전 익히기
- 견갑거근과 상부 승모근의 과사용으로 인한 목 통증의 완화에 도움이 될 수 있다.

요령 및 주의사항

- 캐딜락 위에 앉을 때 양쪽 엉덩이를 매트에 붙이고 복부를 활용한 채 똑바로 앉도록 한다. 올바른 자세는 이 동작을 포함해 앉아서 하는 모든 동작에서 매우 중요하다.
- 안정화가 어려운 교습생들인 경우에 발 아래에 롱 박스를 둔다.
- 이두근이 아니라 광배근으로 팔 당기기를 시작한다. 이렇게 하려면 먼저 견갑골과 상완골을 귀에서 멀리 아래로 당겨준 다음 바를 당기면 된다.
- 흉근을 과사용하지 않도록 한다. 팔꿈치는 곧장 측면을 가리키게 한 상태를 유지한다. 바를 당길 때 팔꿈치가 앞쪽으로 나오면, 그것은 어깨를 안정화하는 근육이 약해 흉근이 그 역할을 대신한다는 것을 나타낸다. 지도자는 바를 유도해주어 움직임이 어려운 단계 너머로 바를 밀도록 도와주고 다른 쪽 손을 등에 대어 광배근을 활용하게 해주어도 된다.
- 바를 계속 제어하도록 한다!
- 손가락은 길게 그리고 손바닥 아랫부분은 바 위로 유지한다.
- **동작 수행의 장애**: 긴장된 또는 과활동성 흉근, 약한 광배근, 약한 코어

변형 동작 및 연계 동작

- **수정 동작**: 수정된 광배근 당기기: 밀어내기 바 바로 아래 그리고 기둥 옆에 앉아 손바닥이 자신을 향하게 한 채 밀어내기 바를 잡는다. 숨을 내쉬고 견갑골을 아래로 당기면서 바를 천천히 당겨 내리되, 이때 이두근이 아니라 광배근을 사용하도록 한다. 팔꿈치는 귀와 정렬하거나 귀의 앞쪽으로 살짝 가져온 상태를 유지한다. 8회 반복하고 측면을 바꾼다.

상상하기 _ 팔로 얼굴을 에워싸는 액자를 만들고 있다.

엘리 _ "이 동작은 지도자가 유도해주어야 하며, 특히 팔꿈치가 귀와 직접 정렬되어 올바른 자세로 유지되는지에 각별한 관심을 기울인다.

초급, 위 스프링

기구 셋업
캐딜락 밀어내기 바 사용
(위 스프링 1개: 보통 빨강이지만, 체구가 작은 경우에 파랑)

기능과 대상 근육
- 광배근, 요방형근, 복사근 및 늑간근 스트레칭
- 이 동작은 한쪽 팔 광배근 당기기로 시작하고 끝나므로 물 흐르듯 이어서 측면 스트레칭을 하면 좋다.

요령 및 주의사항
- 캐딜락 위에 앉을 때 양쪽 엉덩이를 매트에 붙이고 복부를 활용한 채 똑바로 앉도록 한다. 올바른 자세는 이 동작을 포함해 앉아서 하는 모든 동작에서 매우 중요하다.
- 안정화가 어려운 교습생들인 경우에 발 아래에 롱 박스를 둔다.
- 광배근이 활용되고 엉덩이가 매트에 붙어 있는 상태를 유지하여 의도한 것보다 더 멀리 움직이지 않도록 한다.
- 바를 계속 제어하도록 한다!
- 손가락은 길게 그리고 손바닥 아랫부분은 바 위로 유지한다.
- 지도자는 교습생이 안정되고 올바르게 정렬된 상태를 유지하도록 도와줘야 한다. 때로 지도자는 교습생의 엉덩이가 뜨지 않게 지긋이 눌러주고/또는 바를 유도해주어 교습생이 제어력을 잃는 위험 없이 안전하게 더 스트레칭을 시도할 수 있도록 하면 좋다.
- **동작 수행의 장애**: 긴장된 또는 과활동성 흉근, 약한 광배근, 약한 코어

상상하기 _ 옆구리 전체를 통해 길게 스트레칭 하고 있다. 그렇지 않으면 몸통의 측면을 압박하기가 아주 쉽다.

엘리 _ "척추측만증에 좋은 스트레칭이다."

1. 시작자세 - 3회 반복
한쪽 팔 광배근 당기기로 시작한다. 캐딜락 테이블의 측면에 앉아 다리를 모서리에 걸치거나 롱 박스로 받쳐준다. 밀어내기 바 쪽 손의 손바닥 아랫부분을 바 위에 올려놓되, 엄지손가락을 다른 손가락들과 함께 그리고 손가락들을 길게 유지한다. 충분히 멀리 앉아(약 45cm) 바를 당겨 내릴 때 팔이 90도 각도를 이루도록 한다.

시작자세에서 숨을 들이쉰다.

2. 숨을 내쉰다
숨을 내쉬고 어깨는 등을 따라 아래로 내리면서 광배근을 사용하여 바를 당겨 내린다(이두근을 사용하지 않는다). 팔꿈치와 손목이 귀와 정렬된 상태를 유지하면서 팔이 곧게 펴질 때까지 계속해서 바를 밀어준다(몸의 중심에서 벗어나거나 팔꿈치를 과신전시키지 않는다).

3. 숨을 들이쉰다

숨을 들이쉬고 바 쪽으로 측면 굴곡을 하되, 바를 밀어내면서 광배근을 사용하여 바를 제어한다. 다른 쪽 팔은 대각선으로 몸 위로 뻗어 올린다. 어깨는 아래로 내려지고 목은 올바로 정렬된 상태를 유지하도록 주의하며, 엉덩이는 매트에 수평으로 붙어 있어야 한다.

4. 숨을 내쉰다

숨을 내쉬고 안정성을 잃지 않으면서 스트레칭을 심화시키도록 한다.

5. 숨을 들이쉰다

숨을 들이쉬고 측면 굴곡을 역순으로 풀어주어 똑바로 앉는다.

6. 숨을 내쉰다

숨을 내쉬고 광배근으로 바를 제어하며 위로 올린다. 이때 팔꿈치는 귀와 정렬되고, 어깨는 아래로 내려지며, 엉덩이는 매트에 수평으로 붙어 있는 상태를 유지하도록 주의한다. 주의를 기울이지 않으면 제자리로 돌아오는 바가 몸을 중심에서 밀어낼 수 있으므로, 복근을 사용하여 동작 내내 자세를 정확하게 유지하도록 한다.

중급, 위 스프링

기구 셋업
캐딜락 밀어내기 바 사용
(위 스프링 1개: 보통 빨강이지만, 체구가 작은 경우에 파랑)

기능과 대상 근육
- 인어 동작을 위한 연계 동작
- 광배근, 요방형근과 복사근 강화 및 스트레칭
- 이 동작은 한쪽 팔 광배근 당기기로 시작하고 끝나므로 물 흐르듯 이어서 인어 동작을 하면 좋다.

요령 및 주의사항
- 광배근과 복근이 활용되고 아울러 상완골이 어깨관절 소켓으로 단단히 고정된 상태를 유지하도록 한다. 움직이는 방향으로 주저앉거나 과도하게 스트레칭 하면 견갑대와 등의 근육을 손상시킬 가능성이 있다.
- 바를 계속 제어하도록 한다!
- 손가락은 길게 그리고 손바닥 아랫부분은 바 위로 유지한다.
- 지도자는 교습생이 안정되고 올바르게 정렬된 상태를 유지하도록 도와줘야 한다. 바를 유도해주어 교습생이 제어력을 잃는 위험 없이 안전하게 더 스트레칭을 시도할 수 있도록 하면 좋다.
- **금기사항**: 불안정한 어깨
- **동작 수행의 장애**: 약한 광배근, 약한 코어

변형 동작 및 연계 동작
- **연계 동작**: 한쪽 팔 광배근 당기기, 매트의 측굴 인어

상상하기 _ 당신은 아주 가볍고 가뿐해 바에 거의 아무런 무게도 싣지 못한다.

엘리 _ "이는 인어 동작을 준비하는 가장 좋은 방법이다."

한쪽 팔 인어 준비 자세

1. 시작자세 - 1~2회 반복
한쪽 팔 광배근 당기기로 시작한다. 캐딜락 테이블의 측면에 앉아 다리를 모서리에 걸치거나 롱 박스로 받쳐준다. 밀어내기 바 쪽 손의 손바닥 아랫부분을 바 위에 올려놓되, 엄지손가락을 다른 손가락들과 함께 그리고 손가락들을 길게 유지한다. 충분히 멀리 앉아(약 45cm) 바를 당겨 내릴 때 팔이 90도 각도를 이루도록 한다.

시작자세에서 숨을 들이쉰다.

2. 숨을 내쉰다
숨을 내쉬고 어깨는 등을 따라 아래로 내리면서 광배근을 사용하여 팔꿈치를 당겨 내린다(이두근을 사용하지 않는다). 팔꿈치와 손목이 귀와 정렬된 상태를 유지하면서 팔이 곧게 펴질 때까지 계속해서 바를 밀어준다.

3. 계속해서 동작을 수행한다

이 시점에서 다리를 천천히 캐딜락 위로 올리면서 곧게 펴고 체중을 한쪽 엉덩이로 옮겨준다(마지막 자세에 이를 때 다리가 곧게 펴져 있어야 한다). 바는 계속해서 멀리 움직이겠지만, 광배근이 활용되고 어깨가 안정화된 상태를 유지하는 것이 중요하다. 이 자세에서는 '흉곽을 통해 최대로 들린' 느낌이 들어야 한다.

4. 숨을 들이쉰다

역순으로 움직여 다리를 시작자세로 되돌리고 엉덩이를 매트에 붙인 채 똑바로 앉는다.

5. 숨을 내쉰다

숨을 내쉬고 광배근으로 바를 제어하며 위로 올린다. 이때 팔꿈치는 귀와 정렬되고, 어깨는 아래로 내려지며, 엉덩이는 매트에 수평으로 붙어 있는 상태를 유지하도록 주의한다. 주의를 기울이지 않으면 제자리로 돌아오는 바가 몸을 중심에서 밀어낼 수 있으므로, 복근을 사용하여 동작 내내 자세를 정확하게 유지하도록 한다.

중급, 위 스프링

기구 셋업
캐딜락 밀어내기 바 사용
(위 스프링 1개: 보통 빨강이지만, 체구가 작은 경우에 파랑)

기능과 대상 근육
- 광배근, 요방형근과 복사근 강화 및 스트레칭

요령 및 주의사항
- 이 동작은 상당한 어깨 안정화를 요한다. 상완골을 견갑대로 확고히 안정화할 수 없거나 광배근 근력이 부족한 사람들에게는 적합하지 않다.
- 팔이 아니라 복근으로부터 밀어내기 동작을 시작한다.
- 움직이는 방향으로 주저앉지 않도록 한다. 동작 내내 몸통이 들린 상태를 유지한다.
- 바를 계속 제어하도록 한다!
- 손가락은 길게 그리고 손바닥 아랫부분은 바 위로 유지한다.
- 지도자는 교습생이 안정되고 올바르게 정렬된 상태를 유지하도록 도와줘야 한다. 바를 유도해주어 교습생이 제어력을 잃는 위험 없이 안전하게 좀 더 스트레칭을 시도할 수 있도록 해준다.
- **금기사항**: 디스크 기능장애, 불안정한 어깨
- **동작 수행의 장애**: 긴장된 등, 긴장되거나 약한 광배근, 약한 코어

변형 동작 및 연계 동작
- **연계 동작**: 한쪽 팔 인어 준비 자세, 매트의 측굴 인어
- **변형 동작**: 한쪽 팔 떼고: 다음 페이지 참고

상상하기 _ 당신은 어린 인어이다.

엘리 _ "이 동작은 척추측만증에 좋다."

인어

인어 준비 자세 스트레칭으로 시작한다:

1. 시작자세 - 2~3회 반복
밀어내기 바에서 45cm 정도 떨어져 캐딜락의 측면에 앉은 자세에서 다리는 캐딜락의 모서리에 걸치고 엉덩이는 수평으로 둔다. 양팔은 곧게 펴주고, 손바닥은 바 위에 올려놓으며, 어깨는 가능한 한 바와 평행하게 하여 멋진 척추 트위스트를 만든다.

시작자세에서 숨을 들이쉬고 척추를 길게 세운다.

2. 숨을 내쉰다
견갑골은 등을 따라 아래로 유지한 채 바를 당겨 내린 다음(팔이 아니라 복근을 사용하도록 한다) 밀어주면서 꼬리뼈를 밑으로 당기는 것으로 시작해 척추의 맨 아래에서부터 C 곡선을 만들어준다.

3. 숨을 들이쉰다
숨을 들이쉬면서 스트레칭 하되, 양쪽 엉덩이가 매트에 붙어 있고 양팔이 곧게 펴진 상태를 유지한다.

4. 숨을 내쉰다(이 단계는 인어 준비 자세 스트레칭에만 해당된다)
숨을 내쉬면서 C 곡선을 역순으로 만들어준다. 어깨는 아래로 그리고 엉덩이는 수평으로 유지한 채 코어로부터 움직임을 제어한 다음 척추를 맨 아래에서부터 한 마디씩 쌓아올리고 앞쪽 및 대각선으로 스트레칭 한다.

이어서 완전한 인어 자세로 연결한다:
단계 1-3에서 설명한 대로 인어 준비 자세 스트레칭으로 시작한 다음 동작을 계속한다.

5. 숨을 내쉰다
계속해서 바를 밀어주어 기둥을 통과하도록 하고, 다리를 천천히 캐딜락 위로 올리며, 체중을 한쪽 엉덩이로 옮겨준다(이 자세에 이를 때 다리가 곧게 펴져 있어야 한다). 바는 계속해서 멀리 움직이겠지만, 광배근이 활용되고 어깨가 안정화된 상태를 유지하는 것이 중요하다. 바에 대한 제어력을 잃지 않는다. 이 자세에서는 '흉곽을 통해 최대로 들린' 느낌이 들어야 한다.

6. 숨을 들이쉰다
양발을 빠르게 3회 탁, 탁, 탁 서로 두드린다(다리를 모아 캐딜락 매트에서 몇 인치 떨어진 지점에서 만나도록 한다).

7. 숨을 내쉰다
복부를 척추 쪽으로 깊게 집어넣으면서 C 곡선을 역순으로 만들어주고 다리를 다시 시작자세로 내리면서 엉덩이를 최대한 빨리 매트에 붙인다. 어깨는 아래로 유지하고 움직임의 초점을 복근에 둔다.

8. 숨을 들이쉰다
척추를 맨 아래에서부터 한 마디씩 쌓아올리고 바를 위로 멀리 밀어주어 앞쪽 및 대각선으로 스트레칭 한다.

상급 변형 동작: 한쪽 팔 떼고

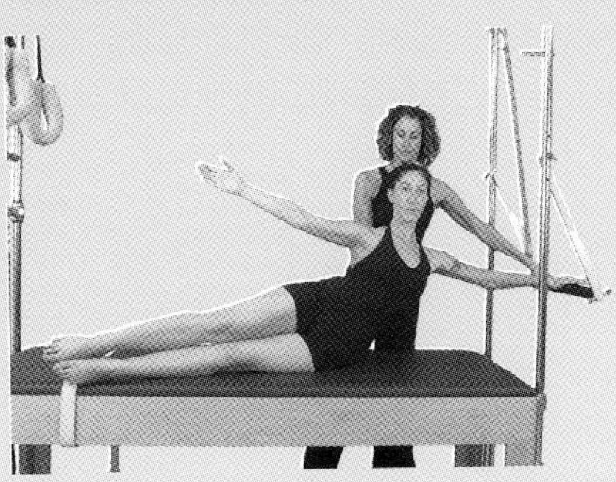

완전한 인어 자세 신전 상태에 있을 때(단계 5) 한쪽 팔을 떼어주되, 흉곽이 들리고 어깨가 안정된 상태를 유지한다. 팔을 다시 바 위에 올려놓고 동작을 계속한다.

초급/재활, 위 스프링

기구 셋업
캐딜락 밀어내기 바 사용
(위 스프링 1개 또는 2개)

기능과 대상 근육
- 흉근 스트레칭
- 어깨 재활에 효과적이다.
- 팔을 움직이면서 어깨를 안정화하는 방법 익히기
- 올바른 어깨 내전 및 외전 습득
- 광배근을 강화하고 상지의 잘못된 동작 패턴을 교정하는 데 도움이 된다.
- 견갑거근과 상부 승모근의 과사용으로 인한 목 통증의 완화에 도움이 될 수도 있다.

요령 및 주의사항
- 올바로 정렬된 자세로 앉아 있도록 한다. 머리는 엉덩이 위에 있고 척추는 중립이면서 허리로부터 들린 상태이어야 한다.
- 팔은 귀에서 살짝 뒤로 정렬된 상태를 유지한다.
- 기억한다: 견갑골은 상완골과 연관되어 움직여야 한다. 목표는 견갑골을 내내 등을 따라 아래로 내린 상태를 유지하는 것이 아니라 강하고 안정된 곳으로부터 올바른 근육 순서로 운동하도록 하는 것이다.
- 흉근이 매우 긴장된 교습생들은 팔꿈치가 귀에서 살짝 앞으로 있도록 팔을 조정해야 할 수도 있다.
- 지도자는 교습생이 이 동작을 수행할 때 손을 등에 대어 광배근을 활용하게 해주어야 한다. 어느 근육을 먼저 사용해야 하는지를 몰라 어려움을 겪는 교습생들이 많다. 지도자가 손을 대어 알려주면 교습생이 어느 곳부터 단련시켜야 하는지에 대해 감을 잡을 수 있다.

변형 동작 및 연계 동작
- **연계 동작**: 수정된 한쪽 팔 광배근 당기기
- **변형 동작**: 호흡 패턴을 반대로 바꿔주어 교습생이 동작의 외전 부분에 집중하게 한다.

상상하기 _ 팔꿈치를 당겨 내리면서 양옆으로 멀리 뻗어주어 견갑대를 넓히도록 한다. 이렇게 하면 광배근을 활용하는 데 도움이 될 것이다.

엘리 _ "이는 닭 날개를 하고 앉아 있는 자세와 비슷하다."

양쪽 광배근 당기기 Double Lat Pull

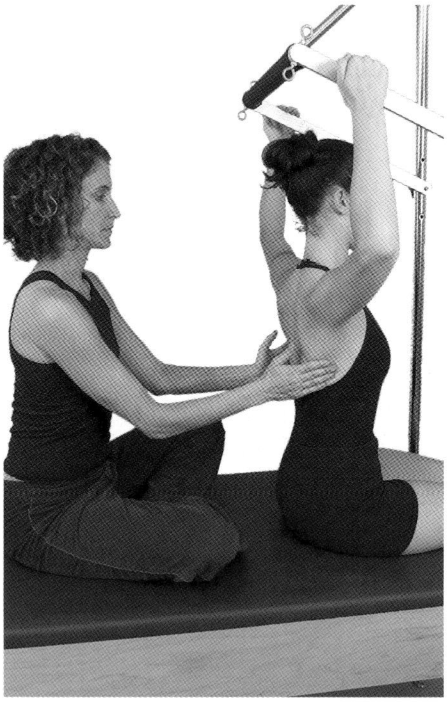

1. 시작자세 - 5~8회 반복
밀어내기 바 아래에 앉은 자세에서 다리를 캐딜락의 끝에 걸친다. 손가락 끝은 바의 측면 위에 올려놓고, 손바닥은 머리를 향하게 하며, 아래팔은 귀에서 바로 뒤로 정렬한다(올바로 정렬한 자세를 유지하는 것이 매우 중요하며, 그렇지 않으면 결국 엉뚱한 근육을 사용하게 된다).

이 자세에서 숨을 들이쉬고 척추를 길게 세운다.

2. 숨을 내쉰다
숨을 내쉬고 어깨는 등을 따라 아래로 내려주며, 광배근을 사용하여 팔꿈치를 당겨 내린다(이두근을 사용하지 않는다).

3. 숨을 들이쉰다
숨을 들이쉬고 광배근으로 바를 제어하며 위로 올리되, 양쪽 견갑골은 등을 따라 아래로 내려가면서 외전을 시작하도록 한다.

1. 시작자세 - 8회 반복

캐딜락의 밀어내기 바 끝에서 15~20cm 떨어져 똑바로 앉는다. 다리는 구부려주고 발은 매트에 평평하게 대어 엉덩이 너비로 벌려준다. 팔은 곧게 펴주고 손은 손바닥을 아래로 향하게 해서 바 위에 올려준다.

시작자세에서 숨을 들이쉬고 척추를 길게 세운다.

2. 숨을 내쉰다

척추를 맨 아래에서부터 C 곡선으로 만들고 천골과 골반을 매트로 눌러줄 수 있을 때까지 계속해서 순차적으로 굴려 내려간다(상체를 뒤로 기울이거나 신전시키지 않으며, 매트로 눌러주면서 C 곡선을 키우도록 한다).

3. 등 쪽으로 숨을 들이쉰다

흉곽이 등 벽 쪽으로 부풀려진다고 상상한다(복부 쪽으로 호흡하지 않도록 하는데, 들이쉴 때 복부를 사용하면 복근의 활용을 유지하기가 더 어려워질 것이기 때문이다).

4. 숨을 내쉰다

C 곡선을 심화시키되, 골반과 천골을 매트로 눌러주고 안정화한 상태를 유지한다. 하부 둔근의 활용을 유지하여 고관절 굴근이 그 역할을 대신하지 않도록 한다. 어깨는 귀에서 멀리 이완된 상태로 그리고 목은 길게 유지한다(거북목이어서는 안 된다). 깊고 정확하게 운동 중이라면 동작이 작을수록 운동이 더 강해질 수 있다.

8회 반복한 다음 호흡을 반대로 바꿔주어, 내려가면서 숨을 들이쉬고 올라가면서 숨을 내쉰다.

초급, 위 스프링

기구 셋업

캐딜락 밀어내기 바 사용
(위 스프링 1개: 보통 빨강이지만, 체구가 작은 경우에 파랑)

기능과 대상 근육

- 복근 강화
- 척추의 심부 근육 스트레칭
- C 곡선을 찾고 요추를 바닥으로 눌러주는 능력을 향상시키는 데 가장 좋은 운동이다.
- 척추전만증이 있거나 허리를 바닥으로 눌러주기가 힘든 사람들에게 좋은 동작이다.

요령 및 주의사항

- 무릎 사이에 공을 사용하여 다리를 가동되는 엉덩이 너비로 유지하면서 계속 허벅지 안쪽을 활용한다.
- 롤-다운을 할 때 천골이 매트에 닿도록 한다. 뒤로 너무 멀리 가면 두려운 느낌이 들 수 있고 동작의 효과를 보지 못할 수도 있다.
- 복부를 척추 쪽으로 집어넣는 것으로 동작을 시작하도록 한다. 팔로 바를 당겨 '바에 편승하지' 않도록 한다.
- 지도자는 교습생이 복근으로부터 뒤로 당기는 동안 바를 잡아주어 도와도 된다. 이는 허리의 스트레칭을 키워주는 데 상당한 도움을 줄 수 있다.
- **주의사항**: 불안정한 천장관절(앉아서 하는 굴곡 동작으로 악화될 수 있다), 요추 디스크 기능장애
- **동작 수행의 장애**: 긴장된 등, 약한 복근

변형 동작 및 연계 동작

- **연계 동작**: 꼬리뼈 컬, 바닥으로 누르기
- **변형 동작**: 복사근 C 곡선 펄스: 다리와 발목은 모아주고, 무릎은 살짝 한쪽으로 향하게 하며, 시선은 반대쪽을 바라보게 한다. 요추는 매트로 눌러준 상태를 유지하고 설명한 대로 동작을 진행한다. 이 동작은 복횡근과 복사근을 상승적으로 강화하도록 돕는 아주 좋은 방법이다.

상상하기 _ 아주 깊게 그리고 상당한 내적 힘으로 운동하고 있어 바가 움직이지 조차 않는다.

엘리 _ "이는 요추 C 곡선을 위한 궁극적인 연계 동작이다."

초급, 위 스프링

기구 셋업
캐딜락 밀어내기 바 사용
(위 스프링 1개: 보통 빨강이지만, 체구가 작은 경우에 파랑)
키가 크다면 스프링을 대각선으로 가로지르게 하는 것이 좋으며,
이는 바의 시작 높이를 올리고 동작 내내 더 잘 지지해줄 것이다.

기능과 대상 근육
- 척추 분절 익히기
- 복근 강화, 매트의 롤-업 동작을 위한 정확한 자세 익히기
- 굽은 어깨와 척추후만증이 있는 사람들 또는 흉추와 별개로 요추를 분절하는 데 어려움을 겪는 사람들에게 좋다.

요령 및 주의사항
- 동작 시작 단계의 '준비' 과정에서 바가 교습생으로부터 뒤로 멀리 뻗어질 때 지도자가 교습생을 스트레칭 시켜도 된다.
  지도자는 위팔로 허벅지를 매트에 붙이고 다른 쪽 팔로 바를 허벅지에서 멀리 당겨준다. 불안정한 어깨를 가지고 있거나 과활동성인 교습생들에 주의한다.
- 교습생이 앉은 자세로 돌아와 다시 분절해 내려갈 준비가 되면, 지도자는 바를 위로 멀리 대각선으로 밀어 스트레칭을 시키고 추가로 어느 정도의 저항을 제공해도 된다. 추가 저항을 받으면 교습생은 요추 곡선을 만들기 위해 복근을 더 작용시킬 수밖에 없으며, 이는 척추후만증이 있는 교습생들 또는 분절 동작들에서 흉추 및 요추 곡선을 구분하는 데 어려움을 겪는 사람들에게 좋다.
- **주의사항**: 불안정한 천장관절(앉아서 하는 굴곡 동작으로 악화될 수 있다), 요추 디스크 기능장애
- **동작 수행의 장애**: 유연하지 못한 척추, 긴장된 광배근

변형 동작 및 연계 동작
- **수정 동작**: 무릎 사이에 공을 사용하여 다리를 기능적인 엉덩이 너비로 유지하면서 허벅지 안쪽을 사용한다.
- **연계 동작**: 꼬리뼈 컬, 바닥으로 누르기, C 곡선 펄스
- **변형 동작**: 더 가벼운 스프링 저항은 동작을 더 어렵게 한다.
- **변형 동작**: (중급) 다리를 평행으로 곧게 펴고 발을 굴곡시키거나 다리를 턴 아웃으로 곧게 펴고 발을 길게 뻗는다.

엘리 _ "꼭대기에서 신전으로 당겨지기 때문에, 이 동작은 사람들이 척추의 하부와 상부 사이에 분리를 느끼는 좋은 방법이다."

롤-업

롤-업 준비:

1. 시작자세 - 3~5회 반복
바로 누운 자세에서 척추는 중립 자세로 두고 머리 꼭대기는 캐딜락의 밀어내기 바 쪽 끝부분에 위치시킨다. 다리는 구부리고 발은 매트에 평평하게 대어 엉덩이 너비로 벌린다. 팔은 곧게 펴주고, 손바닥은 바 위에 올려주며, 바는 저항을 느끼면서 당겨주어 상완골두가 매트에서 넓어질 수 있도록 한다.

시작자세에서 숨을 들이쉰다.

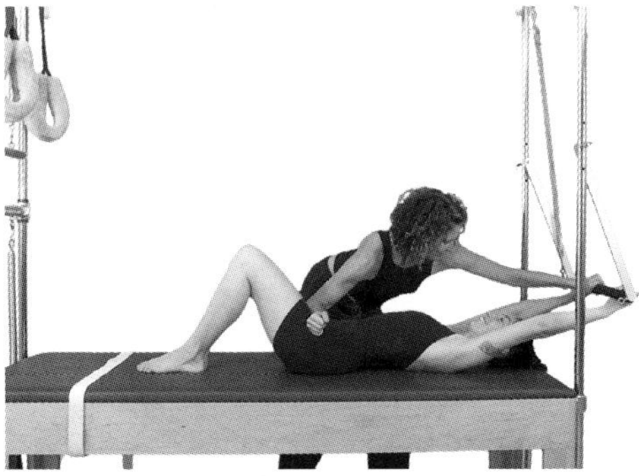

2. 숨을 내쉰다
팔을 구부리면서 바를 몸 쪽으로 당기되, 팔꿈치의 간격을 좁게 유지한다. 등을 활용하기 위해 바가 눈 위로 지나갈 때 손으로 바를 밀어 올려준다. 바를 머리 위로 밀어주어 팔을 펴주되, 바를 계속 제어한다.

3. 숨을 들이쉰다
숨을 들이쉬면서 스트레칭 한다.

4. 숨을 내쉰다
팔을 구부리면서 바를 다시 몸 쪽으로 당기되, 팔꿈치의 간격을 좁게 유지한다. 바를 밀어주고 팔을 펴주면서 바를 어깨 위 시작자세로 되돌린다.

지도자 없이 이 동작을 할 때에는 '준비' 과정(단계 1-4)을 건너뛰고 단계 5로 동작을 시작해도 된다.

롤-업

5. 숨을 들이쉰다

숨을 들이쉬어 롤-업을 준비한다.

6. 숨을 내쉰다

경추의 척추뼈로 시작해(턱 아래 '감귤 조이기'를 해주는 것을 기억한다) 순차적으로 C 곡선을 만든다. 롤-업을 통해 분절하면서 척추를 매트로 눌러주되, 움직임이 최대한 복부로부터 시작되게 한다(하부 둔근의 활용을 유지하여 고관절 굴근의 관여를 배제한다). 앉은 자세에 이르면 팔을 머리 위로 뻗은 채 척추를 완전히 신전시키도록 한다.

7. 숨을 들이쉬면서 스트레칭 한다

(바로 이 시점에서 지도자는 바를 당겨 올려주고 내려가는 동작을 위해 계속해서 잡아줘야 한다!)

8. 숨을 내쉰다

배꼽을 척추 쪽으로 당겨주고 하부 둔근을 활용하며 요추에서부터 C 곡선 만들기를 시작한다. 척추를 한 번에 한 마디씩 굴려 내려가면서 골반이 밑으로 당긴다고 생각하며, 척추를 주저앉히거나 압박하지 않도록 한다.

중급 변형 동작: 다리를 턴 아웃으로 펴주기

상급, 위 스프링

기구 셋업
캐딜락 밀어내기 바 사용
(위 스프링 1개: 보통 빨강이지만, 체구가 작은 경우에 파랑)
키가 크다면 스프링을 대각선으로 가로지르게 하는 것이 좋으며,
이는 바의 시작 높이를 올리고 동작 내내 더 잘 지지해줄 것이다.

기능과 대상 근육
- 복근 및 고관절 굴근 강화
- 척추의 순차적인 움직임 향상
- 매트와 기구에서 하는 상급 티저 동작들을 위한 연계 동작

요령 및 주의사항
- 척추를 통해 롤-업 또는 롤-다운을 하는 동안 다리가 처지거나 들리지 않도록 한다(작게 벗어나는 것은 괜찮지만, 반동을 사용하거나 팔다리를 흔들지 않아야 한다).
- 움직임을 부드럽게 그리고 안정적으로 유지하여 반동이 아니라 복근과 고관절 굴근이 작용할 수 있도록 한다.
- 티저의 꼭대기에서 등 상부와 목을 신전시키도록 하면서 요추는 작은 C 곡선으로 유지한다.
- **주의사항**: 디스크 돌출/탈출, 꼬리뼈 부상
- **동작 수행의 장애**: 긴장된 슬괵근, 긴장된 광배근, 약한 고관절 굴근, 약한 복근

변형 동작 및 연계 동작
- **연계 동작**: 롤-다운
- **수정 동작**: 테이블 탑 다리, 다이아몬드 다리
- **변형 동작**: 더 가벼운 스프링 저항은 동작을 더 어렵게 한다.
- **변형 동작**: 무릎 굽히고 펴기, 캔-캔, 팔 컬 및 다리 들어올리기 데드 행(이어지는 페이지들 참고)

엘리 _ "바가 당신을 정말로 도와주고 있다. 이는 티저 자세로 일어나는 쉬운 방법이다."

티저

1. 시작자세 - 3~5회 반복
바로 누운 자세에서 머리 꼭대기를 캐딜락의 밀어내기 바 쪽 끝부분에 위치시킨다. 다리는 공중 으로 올려 곧게 뻗고 턴 아웃 시키며, 발은 필라테스 첫 번째 자세로 둔다. 다리는 허리가 매트 위로 눌린 상태로 머물게 해주는 각도로 유지한다(천장 쪽으로 곧게 뻗어 올리는 것이 가장 쉽고 테이블 쪽으로 낮아지고 가까워질수록 어려워진다). 팔은 곧게 펴주고, 손바닥은 바 위에 올려주며, 바는 저항을 느끼면서 당겨주어 견갑골이 매트 위에서 넓어질 수 있도록 한다.

시작자세에서 숨을 들이쉰다.

2. 숨을 내쉰다
티저 자세로 롤-업 하면서 척추를 천천히 분절해 올려준다. 이 동작은 턱 아래 '감귤 조이기'로 시작하며, 복부는 집어넣고 하부 둔근은 조여준다.

3. 숨을 들이쉰다

티저 자세의 꼭대기에서 상부 척추를 들어 올리고 팔을 머리 위로 뻗어주되, 요추 C 곡선을 유지한다(좌골 밑이 아니라 바로 뒤에서 균형을 잡는다).

4. 숨을 내쉰다

배꼽을 척추 쪽으로 더 깊이 당겨주고 하부 둔근을 활용하며 요추에서부터 C 곡선 만들기를 시작한다. 척추를 한 번에 한 마디씩 굴려 내려가되, 척추를 주저앉히거나 압박하지 않도록 한다. 다리는 일정한 각도로 유지한다. 롤-다운을 하면서 몸통을 뒤로 기울이지 않도록 하는데, 이는 척추 분절을 제한할 것이기 때문이다. 또한 다리를 뻗은 채 롤-다운을 하면서 요추가 매트 위로 눌려진 상태를 유지할 수 있도록 해야 한다(그렇지 않으면 허리를 다칠 수 있다).

수정 동작: 테이블 탑 다리

수정 동작: 다이아몬드 다리

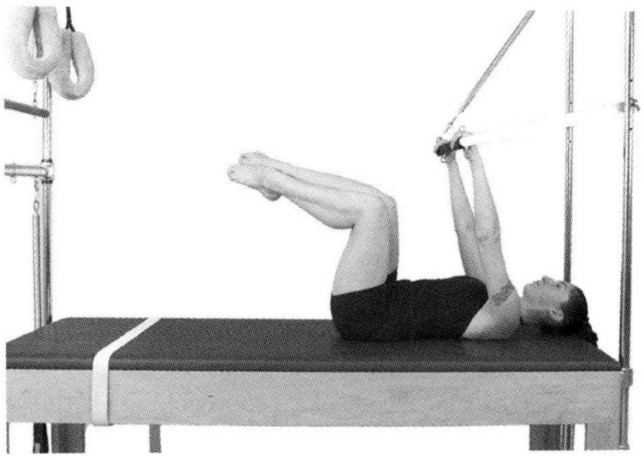

변형 동작: 무릎 굽히고 펴기

무릎을 구부린 자세로 시작한 다음 다리를 펴면서 티저 자세의 중간 정도로 들어 올린다.

변형 동작: 캔-캔

무릎을 구부리고 살짝 한쪽을 가리키게 한 자세로 시작하며, 엉덩이는 수평으로 유지한다. 다리를 펴면서 티저 자세의 중간 정도로 들어 올리되, 무릎은 살짝 옆으로 가리키는 상태를 유지한다. 역순으로 움직이면서 다시 아래로 내려온 다음 바닥에서 측면을 바꿔준다. 복사근에 아주 좋다!

최상급 변형 동작: 팔 컬 및 다리 들어올리기 데드 행

'데드 행'으로 시작하며, 다리는 캐딜락 위에 필라테스 첫 번째 자세로 길게 뻗어준다. 둔근을 조여주고 복부를 집어넣어 티저를 시작하고 롤-업을 하며, 다리를 최대한 높이 올려준다. 티저 자세를 유지하면서 다리를 8cm 내렸다가 빨리 3회 리듬을 타며 올려주되, '위로' 움직이는 동작을 강조한다. 다음으로 팔꿈치를 넓게 유지하면서 바를 머리 뒤로 당겨 내렸다가 팔을 펴기를 3회 반복한다. 그런 다음 '데드 행'으로 다시 롤-다운을 한다.

초급, 위 스프링

기구 셋업
캐딜락 밀어내기 바 사용
(위 스프링 1개: 보통 빨강이지만, 체구가 작은 경우에 파랑)
발목은 발 끈 아래에 둔다.

기능과 대상 근육
- 흉부를 열고 흉근을 스트레칭 시킨다.
- 척추후만증과 거북목의 교정에 좋다.
- 광배근, 삼두근, 능형근, 목과 등 신근 및 둔근 강화

요령 및 주의사항
- 심부 복근과 둔근의 활용을 유지하여 신전 상태의 허리를 받쳐준다. 허리를 압박하거나 젖히지 않아야 한다.
- 다리 자세: 발꿈치를 모아주어도 되지만, 허리나 천골에서 압박감을 느낀다면 다리를 엉덩이 너비로 벌려주는 것이 더 낫다.
- 등 신전으로 움직이면서는 머리에서부터 꼬리뼈까지 척추를 순차적으로 움직이도록 한다.
- 바를 계속 제어하도록 한다!
- 손가락은 길게 그리고 손바닥의 아랫부분은 바 위로 유지한다.
- 지도자는 교습생이 이 동작을 수행할 때 광배근을 활용하게 해주어야 한다. 어느 근육을 먼저 사용해야 하는지를 몰라 어려움을 겪는 교습생들이 많다. 지도자가 손을 대어 알려주면 교습생이 어느 곳부터 단련시켜야 하는지에 대해 감을 잡을 수 있다.
- **동작 수행의 장애**: 긴장된 광배근

변형 동작 및 연계 동작
- **연계 동작**: 매트의 백조 자세

상상하기 _ 백조 자세로 올라가면서 기어 달아나는 개미를 보고 있다.

엘리 _ "아기 백조는 낮은 백조이다."

아기 백조 준비:

1. 시작자세 - 3회 반복
밀어내기 바를 향해 엎드려 누운 자세에서 이마는 아래로 향하게 하고 어깨는 바 아래로 정렬 한다. 발은 끈 안에 두고(끈이 있다면), 다리는 대략 엉덩이 너비로 벌려주며(또는 더 좁게; 요령 부분을 참고한다), 고관절은 약간 턴 아웃 시킨다. 바를 당겨 내리고 팔이 곧게 펴질 때까지 캐딜락의 기둥을 통과시켜 밀어준다. (지도자는 교습생을 위해 바를 당겨 내려주어 바가 당겨 내려지면서 교습생의 머리가 아래로 있도록 해준다). 손바닥의 뒷부분은 바 위에 넓게 올려주고 손가락은 길게 유지한다.

시작자세에서 숨을 들이쉰다.

2. 숨을 내쉰다
머리는 아래로 그리고 목은 이완된 상태로 유지하면서 어깨를 등을 따라 아래로 그리고 바를 몸 쪽으로 당겨준다.

3. 숨을 들이쉰다
바를 몸에서 멀리 늘여주면서 견갑골이 흉곽을 타고 미끄러지는 움직임을 느낀다.

완전한 아기 백조 자세로 들어가기 전에 3회 반복한다.

완전한 아기 백조:

4. 숨을 내쉰다

견갑골은 등을 따라 아래로 당겨주면서 배꼽을 당겨 올리고 광배근을 사용해 바를 몸 쪽으로 당겨, 먼저 머리로부터 올라가고 아기 백조 자세로 올라가면서 '기어 달아나는 개미를 바라본다.' 올라가면서 팔은 마치 팔로 서려 하는 것처럼 강하고 곧게 유지한다. 백조 자세를 시작하면서 복부가 매트에서 들리고 치골이 매트 쪽으로 뻗은 상태를 유지한다. 둔근은 조여주어 허리와 천장관절을 보호한다.

5. 숨을 들이쉰다

역순으로 움직이되, 시작자세로 완전히 돌아올 때까지 복근와 둔근의 활용을 유지하는 것을 기억한다.

아기 백조를 3회 반복한다.

척추 신전 동작들을 한 후 몇 번 호흡을 하면서 휴식 자세로 몸을 풀어준다.

상급, 위 스프링

기구 셋업
캐딜락 밀어내기 바 사용
(위 스프링 1개: 보통 빨강이지만, 체구가 작은 경우에 파랑)
발목은 발 끈 아래에 둔다.

기능과 대상 근육
- 흉부를 열고 흉근을 스트레칭 시킨다.
- 척추후만증과 거북목의 교정에 좋다.
- 광배근, 삼두근, 능형근, 등 신근 및 둔근 강화

요령 및 주의사항
- **금기사항**: 허리 문제, 천장관절 문제, 디스크 기능장애, 긴장된 등 및/혹은 척추전만증 소인. 이 동작은 허리의 신전을 많이 요하므로 많은 사람들에게 적합하지 않다. 시도하려면 잘 판단하기 바란다!
- 허리에 가해지는 압박을 줄이려면 몸을 캐딜락의 뒤쪽으로 옮겨준다(밀어내기 바에서 멀어지도록).
- 심부 복근과 둔근의 활용을 유지하여 신전 상태의 허리를 받쳐준다. 허리를 압박하거나 젖히지 않아야 한다.
- 다리 자세: 발꿈치를 모아주어도 되지만, 허리나 천골에서 압박감을 느낀다면 다리를 엉덩이 너비로 벌려주는 것이 더 낫다.
- 바를 계속 제어하도록 한다!
- 손가락은 길게 그리고 손바닥 아랫부분은 바 위로 유지한다.
- **금기사항**: 디스크 기능장애, 협착증

변형 동작 및 연계 동작
- **연계 동작**: 아기 백조와 흉근 스트레칭, 매트의 높은 백조

엘리 _ "많은 사람들에게 부적합한 동작이다! 교습생이 높은 백조 자세를 할 준비가 되어 있는지 알아보기 위해 준비 과정을 수행하도록 한다."

높은 백조

높은 백조 준비: 흉근 스트레칭

1. 시작자세 - 3회 반복
밀어내기 바를 향해 엎드려 누운 자세에서 이마는 아래로 향하게 하고 어깨는 바 아래로 정렬한다. 발은 끈 안에 두고(끈이 있다면), 다리는 대략 엉덩이 너비로 벌려주며(또는 더 좁게; 요령 부분을 참고한다), 고관절은 약간 턴 아웃 시킨다. 손은 바 위에 넓게 올려준다. 바를 당겨 내리고 팔이 곧게 펴질 때까지 캐딜락의 기둥을 통과시켜 밀어준다. (지도자는 교습생을 위해 바를 당겨 내려주어 바가 당겨 내려지면서 교습생의 머리가 아래로 있도록 해준다).

시작자세에서 숨을 들이쉰다.

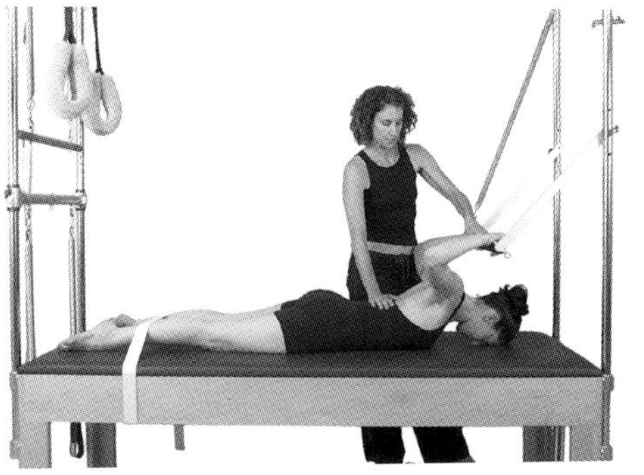

2. 숨을 내쉰다
머리는 아래로 그리고 목은 이완된 상태로 유지하면서 견갑골은 등을 따라 아래로 당기고 팔꿈치를 넓고 높게 구부려 밀어내기 바를 머리 뒤로 유도한다. 견갑골이 등을 따라 아래로 밀리면서 넓어지는 것과 흉근의 스트레칭을 느낀다.

3. 숨을 들이쉰다
역순으로 움직여 시작자세로 돌아온다.

3회 반복하며, 매번 반복할 때마다 등 신전으로 조금씩 더 높이 올라가(아기 백조) 바가 더 올라가도록 하고 흉근의 스트레칭을 키워준다.

높은 백조 - 1~2회 반복

높은 백조 흉근 스트레칭으로 시작하고 동작을 계속한다.

4. 숨을 들이쉰다

바를 계속 위쪽으로 움직여주고 파워하우스를 사용하여 허리를 보호하면서 낮은 백조/아기 백조 자세로 올라간다.

5. 숨을 내쉰다

팔을 펴주고 계속해서 높은 백조로 올라간다(바는 이제 머리 위에 있어야 한다). 복부가 매트에서 들리고 치골이 매트 쪽으로 향해 자세를 유지하며, 둔근을 충분히 활용하여 허리와 천장관절을 보호한다.

6. 숨을 들이쉰다

스트레칭 상태를 유지한다.

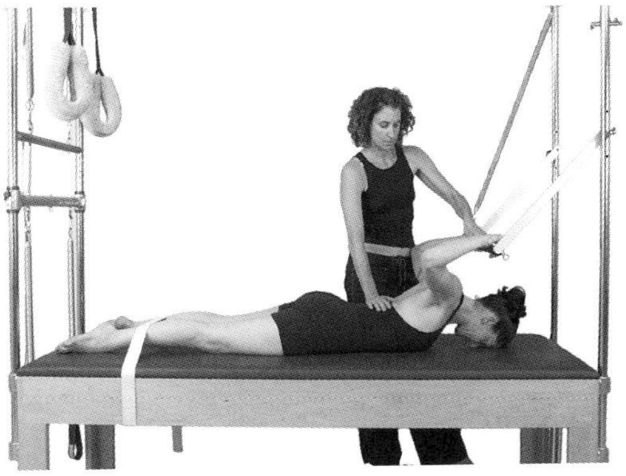

7. 숨을 내쉰다

역순으로 움직여 내려가면서 팔꿈치를 넓고 높게 구부린다. 유연성이 있는 사람인 경우에 이 단계의 동작을 팔을 구부리기 전에 머리를 내려 시작해도 되는데, 그러면 흉근과 광배근의 스트레칭을 키워줄 수 있다.

척추 신전 동작들을 한 후 몇 번 호흡을 하면서 휴식 자세로 몸을 풀어준다.

상급, 위 스프링

기구 셋업
캐딜락 밀어내기 바 사용
(위 스프링 1개: 보통 빨강이지만, 체구가 작은 경우에 파랑)
스프링은 캐딜락의 세로 기둥에 있는 작은 구멍에 부착되도록 이동시켜야 하며, 이는 그 움직임의 범위를 제한하게 된다.

기능과 대상 근육
- 안정성과 유연성을 동시에 요한다.
- 슬괵근 및 척추의 심부 굴근 스트레칭
- 복근, 슬괵근, 내전근, 중둔근, 고관절 굴근 및 광배근 강화
- 무용수들과 도전적인 동작을 좋아하는 사람들에게 적합하다.

요령 및 주의사항
- C 곡선 자세가 주저앉지 않도록 한다. 배꼽이 앞쪽으로 뻗어지는 팔과 반대 방향으로 뒤로 당겨진다고 생각한다.
- 발에서 아래로 향하는 압력을 유지하기 위해 둔근과 슬괵근을 활용한다. 동작 내내 계속 바를 제어하는 것이 매우 중요하다.
- 동작 내내 계속 전신을 스트레칭 시킨다. 동작의 스플릿 단계로 들어가면서 체중이 견갑대로 쏠리거나 엉덩이가 처지지 않게 한다.
- 무거운 스프링을 사용하면 안정화는 쉬워지지만 슬괵근으로 바를 당겨 내리기가 어려워진다. 스프링을 선택할 때에는 잘 판단한다.
- 교습생이 이 동작을 수행할 때 지도자는 항상 바를 지지해주어야 한다.
- **주의사항**: 불안정한 천장관절(앉아서 하는 굴곡 동작으로 악화될 수 있다), 요추 디스크 기능장애
- **동작 수행의 장애**: 유연하지 못한 척추, 긴장된 또는 약한 슬괵근, 약한 고관절 굴근, 약한 코어, 불안정한 골반

변형 동작 및 연계 동작
- **연계 동작**: 롤-다운, 리포머의 반대 방향 티저
- **변형 동작/연계 동작**: 메트로놈 준비/반대 방향 티저: 자세에 익숙하려면 반대 방향 티저 부분만 수행한다(단계 1-2 및 10).

상상하기 _ 나뭇가지 위의 한 마리 새이다.

엘리 _ "즐거운 제어 동작이다."

메트로놈

1. 시작자세 - 3회 반복
바를 당겨 내리고 꽉 붙잡지 않고서도 잘 제어할 수 있도록 발을 바 위에 올려준다. 다리를 곧게 펴서 신전시킬 때 바는 캐딜락의 기둥에서 약 5cm 벗어나야 한다. 손은 바 위에 넓게 올려준다.

이 시작자세는 스트레칭을 추가하기에 좋다. 다리 뒤쪽에 더 강한 스트레칭을 원한다면 발을 굴곡시킨다.

시작자세에서 숨을 들이쉰다.

2. 숨을 내쉰다
손은 서서히 바에서 떼어 뻗어주고 허벅지 안쪽은 서로 조여주며, 척추의 맨 아래에서부터 C 곡선을 만들면서 매트로 분절해 내려간다. 팔을 앞쪽으로 뻗은 채 C 곡선을 만들면서 몸통이 들린 상태를 유지한다. 둔근과 슬괵근을 활용하여 발에서 아래로 향하는 압력을 어느 정도 만들어준다. 이는 바에 대한 제어를 유지하고 고관절 굴근의 관여를 배제하도록 돕는다.

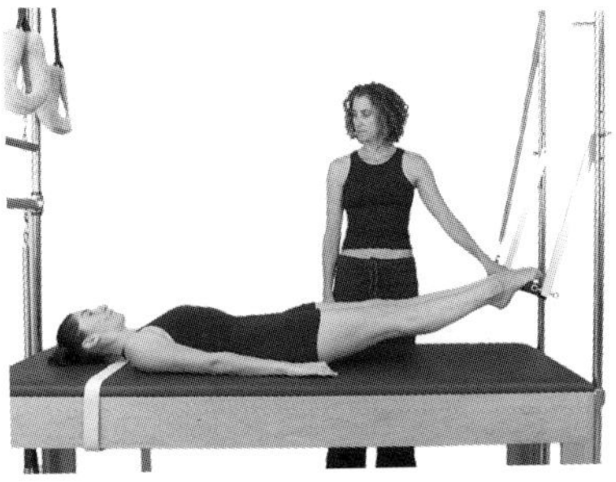

3. 숨을 들이쉰다
척추 중립 자세에서 숨을 들이쉬고 팔은 양옆으로 두고 손바닥은 아래를 향하게 한다.

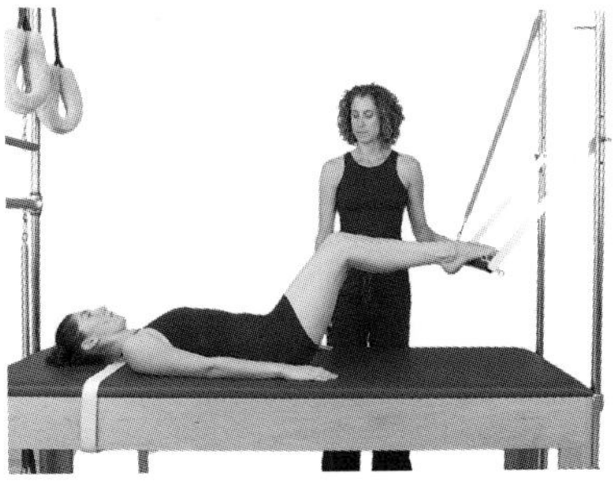

4. 숨을 내쉰다
척추 중립 자세를 유지하면서 무릎을 구부리고 다리가 펴질 때까지 슬괵근으로 바를 제어하며 올린다.

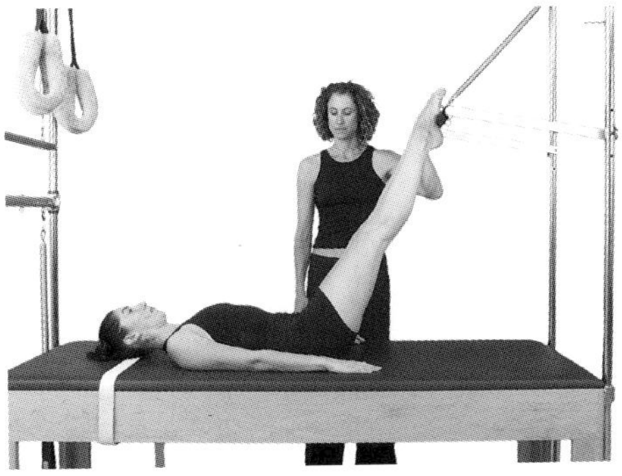

5. 숨을 들이쉰다

6. 숨을 내쉰다

바를 움직이지 않으면서 배꼽을 척추 쪽으로 당겨주고 척추의 맨 아래에서부터 꼬리뼈 컬을 하고 분절해 올려 브리지/플랭크 자세로 들어간다.

7. 호흡을 계속한다

다리를 곧게 유지하면서 한쪽 다리는 발을 길게 뻗은 채 바에서 띄워 스플릿 자세로 가져간다. 이 자세에서 발을 굴곡시키고 다리를 좀 더 당겨주면서 스플릿 자세를 부드럽게 심화시킨 다음 발을 세워 다리를 다시 바로 길게 뻗어준다. 다리를 번갈아가면서 총 4~6회 반복한다. 다리 차기를 완료한 후 다리를 다시 바로 되돌리고 허벅지 안쪽을 서로 조여준다.

역순으로 움직여 다시 내려와 시작자세로 돌아온다:

8. 숨을 내쉰다

배꼽을 안으로 당기고 허벅지 안쪽을 활용하며 척추를 중립이 될 때까지 분절해 내린다. 분절하면서 길게 늘여주어 골반이 흉곽에서 멀리 뻗어지도록 한다.

9. 숨을 들이쉬고, 내쉰다

척추 중립 자세를 유지하면서 무릎을 구부리고 다리가 펴질 때까지 슬괵근으로 바를 제어하며 내린다.

10. 숨을 들이쉬고, 내쉰다

턱 아래 '감귤 조이기'를 하여 머리를 들어 올리고 척추를 한 번에 한 마디씩 굴려 올리면서 팔을 앞쪽으로 뻗어주어 바를 잡는 시작자세로 돌아온다.

상급, 위 스프링

기구 셋업
캐딜락 밀어내기 바 사용
(위 스프링 1개: 보통 빨강이지만, 체구가 작은 경우에 파랑)
스프링은 캐딜락의 세로 기둥에 있는 작은 구멍에 부착되도록 이동시켜야 하며, 이는 그 움직임의 범위를 제한하게 된다.

기능과 대상 근육
- 안정성과 유연성을 동시에 요한다.
- 슬괵근 및 척추의 심부 신근 스트레칭
- 복근, 슬괵근, 내전근 및 둔근 강화
- 무용수들과 도전적인 동작을 좋아하는 사람들에게 적합하다.

요령 및 주의사항
- C 곡선 자세로 주저앉지 않도록 한다. 배꼽이 앞쪽으로 뻗어지는 팔과 반대 방향으로 뒤로 당겨진다고 생각한다.
- 발에서 아래로 향하는 압력을 유지하기 위해 둔근과 슬괵근을 활용한다. 동작 내내 계속 바를 제어하는 것이 매우 중요하다.
- 무거운 스프링을 사용하면 안정화는 쉬워지지만 슬괵근으로 바를 당겨 내리기가 어려워진다.
- 교습생이 이 동작을 수행할 때 지도자는 항상 바를 지지해주어야 한다.

변형 동작 및 연계 동작
- **연계 동작**: 롤-다운, 반대 방향 티저/메트로놈 준비, 전형적인 메트로놈
- **변형 동작**: 한쪽 다리 티저: 설명한 대로 동작을 완료하되 단계 7에 한쪽 다리 티저를 추가한다. 많은 동작들이 동시에 일어나지만, 동작들을 최대한 유연하게 해야 한다. 슬괵근으로 바를 세 번째 당겨 내릴 때 바를 줄곧 당겨 내리면서 척추를 통해 분절해 내려간다. 바를 앞쪽으로 시작자세로 눌러주면서 계속해서 한쪽 다리 티저 자세로 분절해 올라간다. 숨을 내쉬면서 역순으로 움직여 바로 누운 자세로 분절해 내려가면서 바 위의 다리를 구부려준 다음, 다시 스플릿 브리지 자세로 분절하면서 바를 제어하며 올린다. 다리를 바꿔 다른 쪽 다리로 바 당겨 내리기를 시작하고 한쪽 다리 티저를 추가한다. 양쪽을 완료한 후 설명한 대로 단계 8부터 동작의 나머지 부분을 계속한다.

상상하기 _ 당신은 깃털만큼이나 가볍다.

엘리 _ "모든 전환 과정에서 다리를 약간 구부리는 것은 동작을 훨씬 더 어렵게 한다."

메트로놈: 무릎 굽힌 버전

1. 시작자세 - 1~3회 반복
바를 당겨 내리고 꽉 붙잡지 않고서도 잘 제어할 수 있도록 발을 바 위에 올려준다. 손은 바 위에 넓게 올려주고 충분히 스트레칭 한다.

시작자세에서 숨을 들이쉰다.

2. 숨을 내쉰다
손은 서서히 바에서 떼어 뻗어주고, 무릎은 약간 구부려주며, 허벅지 안쪽은 서로 조여준다. 척추의 맨 아래에서부터 C 곡선을 만들면서 매트에 평평하게 누운 자세로 분절해 내려가 척추는 중립 자세로 두고, 팔은 양옆으로 내리며, 손바닥은 아래를 향하게 한다. 롤-다운 내내 무릎 굴곡을 일정한 각도로 유지하도록 한다. 다리를 펴고자 하는 충동은 고관절 굴근을 과사용하고 있다는 것을 나타낸다.

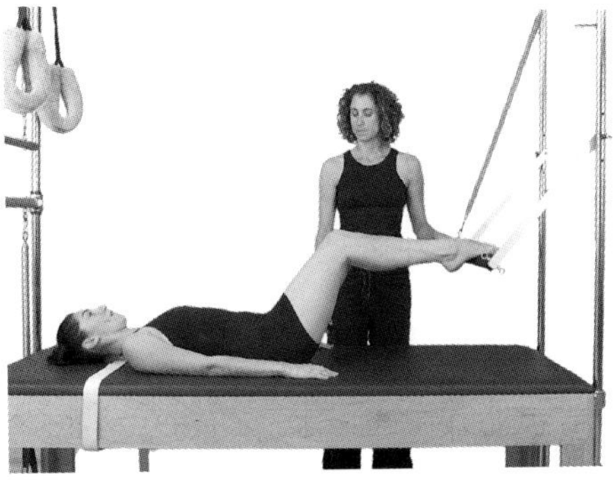

3. 숨을 들이쉬고, 내쉰다
척추 중립 자세를 유지하면서 무릎을 좀 더 구부려주고 슬괵근으로 바를 제어하며 올리되, 다리가 곧게 펴지기 전에 멈춘다.

4. 숨을 들이쉬고, 내쉰다

무릎을 약간 구부린 상태를 유지하면서 브리지/역 플랭크 자세로 분절해 올린다. 플랭크의 꼭대기에 이르고 나면 다리를 곧게 펴서 신전시킨다.

5. 호흡을 계속한다

다리를 곧게 유지하면서 한쪽 다리는 발을 길게 뻗은 채 바에서 띄워 스플릿 자세로 가져간다. 이 자세에서 다른 쪽 다리를 구부리면서 바를 90도 조금 못 미치게 당겨 내린 다음 다시 위로 신전시킨다. 바 당겨 내리기를 3회 반복한 다음 다른 쪽 다리를 다시 바로 뻗어준다. 반대쪽으로 반복한다.

이 세트를 완료한 후 다리를 다시 바로 되돌리고 허벅지 안쪽을 서로 조여준다.

역순으로 움직여 다시 내려와 시작자세로 돌아온다:

6. 숨을 내쉰다

다리를 약간 구부리고 척추를 중립이 될 때까지 분절해 내린다. 분절하면서 길게 늘여주어 골반이 흉곽에서 멀리 뻗어지도록 한다.

7. 숨을 들이쉬고, 내쉰다

척추 중립 자세를 유지하면서 무릎의 굴곡을 증가시키고 슬괵근으로 바를 제어하며 내려, 다리는 낮춰지지만 무릎은 여전히 구부러져 있다.

8. 숨을 들이쉬고, 내쉰다

턱 아래 '감귤 조이기'를 하여 머리를 들어 올리고 척추를 한 번에 한 마디씩 굴려 올리면서 무릎을 구부린 상태를 유지하고 팔을 앞쪽으로 뻗어주어 바를 잡는 시작자세로 돌아온다.

3회 반복하거나 한쪽 다리 변형 동작을 시도해본다!

변형 동작: 한쪽 다리 티저

상급, 위 스프링

기구 셋업
캐딜락 밀어내기 바 사용
(위 스프링 빨강 2개: 체구가 작은 경우에 더 적게 사용)
캐딜락의 밀어내기 바 끝에 발판 설치

기능과 대상 근육
- 하나의 동작으로 척추 안정화 및 가동성 동시에 익히기
- 대퇴사두근, 복근 및 척추기립근 강화, 어깨 안정화

요령 및 주의사항
- 복근을 사용하여 척추를 길게 늘여주고 안정화한다.
- 광배근을 사용하여 어깨를 안정화하고 상완골이 등 쪽으로 당겨진 상태를 유지한다.
- 다리를 올바로 정렬된 상태로 유지하고 둔근을 사용하여 무릎에 가해지는 스트레스를 줄인다.
- **주의사항**: 이 동작에서는 무릎과 대퇴사두근에 부하가 가해지므로 조심한다!
- **금기사항**: 디스크 기능장애, 협착증

변형 동작 및 연계 동작
- **연계 동작**: 매트의 브리지
- **변형 동작**: 힌지 업/아치 다운: 설명한 대로 동작을 힌지 업까지 수행하되, 견갑대로 내려 돌아오기 전에 척추가 지지를 받으면서 아치를 이루어 신전되게 한다는 점이 다르다.
- **변형 동작**: 아치 업/아치 다운: 설명한 대로 동작을 수행하되, 올라가고 내려오면서 모두 척추가 지지를 받으면서 아치를 이루어 힌지 자세 이상으로 신전되게 한다는 점이 다르다.
- **변형 동작**: 아치 업/힌지 다운: 설명한 대로 동작을 수행하되, 올라가면서 척추가 지지를 받으면서 아치를 이루어 힌지 자세 이상으로 신전되게 한 다음 내려 돌아와 동작을 완료하기 전에 힌지 자세를 취한다는 점이 다르다.

상상하기 _ 엉덩이 아래에 있는 뜨거운 주걱이 바로 당신을 수상스키 자세로 들어 올려주고 있다.

엘리 _ "이 동작의 비결은 골반을 계속 움직여주는 것이다."

힌지 업/힌지 다운

1. 시작자세 - 각 변형 동작 1회 반복
똑바로 앉은 자세에서 다리는 구부려 엉덩이 너비 정도로 벌려주고 발볼은 발판을 눌러준다. 손은 손바닥을 아래로 향해 바를 잡고 팔은 어깨너비로 벌려준다. 광배근을 활용하고 어깨를 등을 따라 아래로 내린다. 바는 저항을 느끼며 살짝 당겨주어야 한다.

숨을 들이쉬고, 척추를 길게 세우며, 흉부를 들어 올린다.

2. 숨을 내쉰다
캐딜락을 따라 아래로 엉덩이를 밀면서 척추를 중립으로 그리고 안정되게 유지하며 몸통을 뒤로 젖혀 바로 누운 자세를 취한다. 바가 아래로 당겨지고 어깨가 등 쪽으로 내려진 상태를 유지한다.

3. 숨을 들이쉰다

4. 숨을 내쉰다
꼬리뼈 컬을 시작한 다음 브리지 자세로 분절해 오른다. 위쪽으로 움직이는 동작을 계속해 엉덩이를 통해 몸을 들어 올려 수상스키 자세로 가져오고 일어설 때까지 다리를 통해 강하게 밀어준다. 엉덩이가 들리는 것을 매트에서 오르는 추동력으로 삼아 움직임이 연속적으로 이루어져야 한다. 둔근을 활용하여 무릎에 가해지는 압력을 줄이도록 한다.

5. 숨을 들이쉰다

단계 4: 브리지

단계 4: 위로 공중부양

단계 4: 수상스키

6. 숨을 내쉰다

역순으로 움직여 몸을 다시 젖혀 내려 어깨가 매트에 닿게 한 다음 다시 분절해 내려가 척추 중립 자세를 취한다.

7. 숨을 들이쉰다

8. 숨을 내쉰다

척추 중립 자세를 유지하면서 몸통을 다시 시작자세로 밀어 올려 똑바로 앉는다.

변형 동작: 힌지 업/아치 다운

변형 동작: 아치 업/힌지 다운

변형 동작: 아치 업/아치 다운

밀어내기 바: 아래 스프링

안전이 우선이다! 아래 스프링 동작들을 위에 셋업 할 때에는 언제나 안전 끈을 먼저 사용하도록 한다. 몇 가지 서로 다른 끈들이 나와 있으므로 가장 사용하기 쉬우면서 가장 안전한 끈을 선택한다. 늘 바가 교습생의 몸 위로 안전하게 놓여 있는지 그리고 끈이 바에서 풀릴 위험이 있는지 확인한다(바를 밀어 올릴 때 끈이 풀어질 수도 있다). 다시금 스프링을 부착하기 전에 항상 안전 끈을 먼저 부착한다. 아울러 교습생이 바 아래에 있는 동안에는 절대 기구를 바꾸지 않는다!

또한 캐딜락 위의 가죽 덮개를 보호하려면 아래 스프링 동작들을 위해 스프링을 바에 연결하기 전에 항상 가죽 덮개 끝을 접어준다.

위 스프링처럼 밀어내기 바 아래 스프링도 스프링을 이용해 원을 그리고, 아치를 만드는 움직임을 가능하게 한다. 그리고 스프링이 180도를 넘어가면 반대로 작용한다. 이는 아래 스프링 동작들을 위해 이해하는 것이 특히 중요한데, 이러한 셋업에는 위험이 잠재하기 때문이다.

다음과 같은 상황이 벌어질 수 있다. 바를 밀어 올려 저항을 받으며 밀고 있는 경우에 스프링이 캐딜락의 기둥을 지나고 나면 오히려 뒤로 및 아래로 당겨지기 시작한다. 바에 대한 제어력을 잃는다면 바가 한 바퀴 돌아와 크고 두려운 소리를 내며 부상을 초래할 가능성이 있다. 캐딜락 아래 스프링 레퍼토리에는 바가 180도를 넘어가게 하는 동작들은 없으므로, 긴장 저항 패턴을 이해하는 한 현명하게 운동하고 안전 끈을 사용하면 아무런 문제가 없을 것이다. 하지만 모든 운동이 그렇듯이 주의하고 늘 바를 계속 제어하도록 한다.

아래 스프링 레퍼토리의 또 다른 측면은 스프링 방향의 물리학적 특성 때문에 '하중이 실리는' 동작들이 많다는 것이다. 하중이 실리는 동작들은 훌륭한 스트레칭이 될 수 있지만 모든 사람에게 적합하지는 않다. 캐딜락 아래 스프링 레퍼토리에서 하중이 실리는 굴곡 동작들(타워처럼)을 선택할 때에는 주의하도록 한다. 그러한 동작들은 디스크 기능장애가 있는 사람들에게 분명 금기사항일 것이다.

아래 스프링 동작들의 선택

지도자 또는 교습생의 몸에 적합한 동작 순서를 선택한다. 캐딜락 동작들은 서로 별개이긴 하지만, 가장 효율적으로 운동하는 능력을 극대화하는 훌륭한 시리즈들을 구성할 수 있다. 예를 들어 긴장된 슬괵근으로 인해 일부 동작들을 수행하는 데 어려움이 있다면 엉덩이 및 허리 스트레칭 시리즈를 골고루 해서 유연성을 키우는 방안을 고려해본다. 이러한 시리즈로는 슬괵근 스트레칭, 반 원숭이, 원숭이, 고관절 열어주기 등이 있다. 다리 뒤쪽을 길게 늘여주고 나면 다른 동작들을 기대 이상으로 수행할 수 있을 것이다!

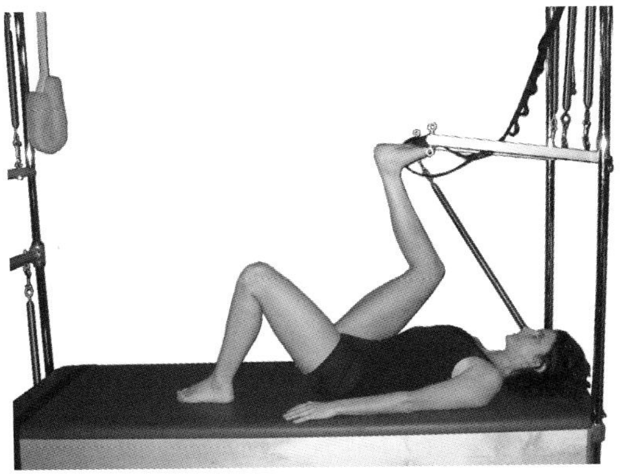

1. 시작자세 - 각 측면으로 3회 반복
바로 누운 자세에서 머리 꼭대기를 캐딜락의 밀어내기 바 끝에 위치시킨다(혹은 매우 긴장된 사람들인 경우에 더욱 뒤로 - 요령 참고). 한쪽 발은 바 위에, 다른 쪽 발은 매트 위에 두고, 양쪽 다리는 구부리고, 팔은 양옆으로 두고, 손바닥은 아래를 향하게 한다.

시작자세에서 숨을 들이쉰다.

2. 숨을 내쉰다
다리를 곧게 펴서 늘여주면서 바를 밀어 올린다. 골반은 붙이고 척추는 중립을 유지하면서 스트레칭 하도록 한다(이는 슬괵근이 긴장된 사람들인 경우에 매우 어려울 것이다).

3. 호흡을 계속한다
다리는 곧게 그리고 골반은 중립으로 유지하면서 발목을 길게 뻗고 굴곡시키기를 3회 한다.

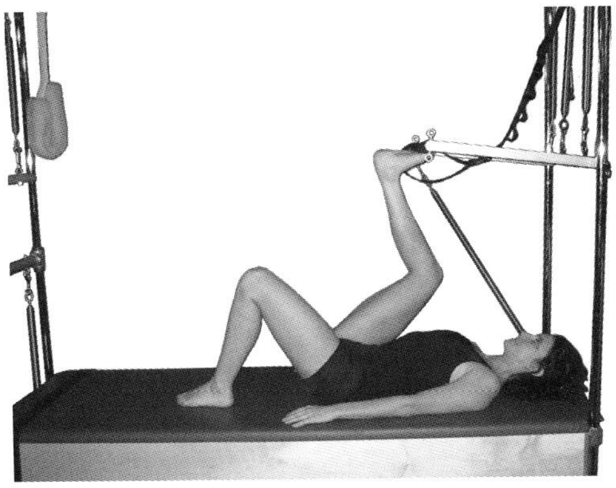

4. 숨을 내쉰다
엉덩이를 수평으로 유지하고 무릎을 구부릴 수 있는 가능한 한도에서 안으로 구부려준다.

세트를 3회 반복한 다음 다리를 바꾼다.

초급, 아래 스프링

기구 셋업
캐딜락 밀어내기 바 사용
(아래 스프링 1개: 보통 빨강이지만, 체구가 작은 경우에 파랑)
아래 스프링 동작들에서는 모두 안전 끈을 꼭 사용한다!

기능과 대상 근육
- 슬괵근 및 비복근-가자미근 복합체(종아리 근육) 스트레칭
- 긴장된 슬괵근을 늘여줄 필요가 있는 사람들에게 아주 좋은 동작이다.

요령 및 주의사항
- 척추를 중립으로 그리고 골반을 수평으로 유지한다. 척추의 한쪽을 압박하거나 골반을 당기지 않게 한다. 스트레칭 하는 다리의 좌골이 몸에서 멀리 뻗어진다고 생각한다.
- 유연하지 못한 사람들을 훈련시킬 때에는 콤보 체어, 원다 체어, 또는 캐딜락 확장 박스를 캐딜락에 대어 놓아 교습생이 안전하게 뒤로 움직이고 지지받을 수 있도록 한다.
- 지도자는 교습생이 이 동작에 들어가도록 돕고 동작 내내 바를 지지해주어야 한다.
- **동작 수행의 장애**: 매우 긴장된 슬괵근 및 엉덩이(하지만 계속 시도해보는데, 그만한 가치가 충분하기 때문이다).

변형 동작 및 연계 동작
- 꽤 유연한 교습생들인 경우에 스트레칭 하지 않는 다리를 곧게 펴도 되며, 지도자가 그쪽 다리의 대퇴골을 매트로 부드럽게 눌러 내려 도와줘도 된다.
- 비복근(종아리 근육)의 스트레칭에 집중하려면 발이 굴곡되고 다리가 곧게 펴진 상태를 유지하며, 이를 30초간 유지한다(시리즈 끝부분에 하면 좋다).

상상하기 _ 그저 슬괵근을 스트레칭 시키면서 대퇴사두근으로 다리를 펴준다고 생각한다.

엘리 _ "긴장된 교습생들인 경우에 지도자는 이 동작에 어느 정도 시간을 할애해준다… 그러면 결과가 나타날 것이다."

초급, 아래 스프링

기구 셋업
캐딜락 밀어내기 바 사용
(아래 스프링 1개: 보통 빨강이지만, 체구가 작은 경우에 파랑)
아래 스프링 동작들에서는 모두 안전 끈을 꼭 사용한다!

기능과 대상 근육
- 슬괵근, 비복근-가자미근 복합체(종아리 근육) 및 척추의 심부 근육 스트레칭
- 긴장된 슬괵근 및 등 근육을 늘여줄 필요가 있는 사람들에게 아주 좋은 동작이다

요령 및 주의사항
- 골반을 중립으로 유지하도록 한다. 스트레칭 하는 다리의 좌골이 몸에서 멀리 뻗어진다고 생각한다.
- 유연하지 못한 사람들을 훈련시킬 때에는 콤보 체어, 원다 체어, 또는 캐딜락 확장 박스를 캐딜락에 대어 놓아 교습생이 안전하게 뒤로 움직이고 지지받을 수 있도록 한다.
- 지도자는 교습생이 이 동작에 들어가도록 돕고 동작 내내 바를 지지해주어야 한다.
- **동작 수행의 장애**: 긴장된 슬괵근, 긴장된 등
- **금기사항**: 하중이 실리는 모든 척추 굴곡의 경우처럼 이 동작은 디스크 돌출/탈출, 신경근 충돌, 또는 굴곡 민감성이 있는 사람들에게 금기이다.

변형 동작 및 연계 동작
- **연계 동작**: 슬괵근 스트레칭

상상하기 _ 당신은 반 원숭이일 뿐이다.

엘리 _ "다시금…긴장된 교습생들의 스트레칭에 시간을 할애해 바로 눈앞에서 가동성이 증가하는 것을 확인한다."

1. 시작자세 - 각 측면으로 3회 반복
바로 누운 자세에서 머리 꼭대기를 캐딜락의 밀어내기 바 끝에 위치시킨다(혹은 매우 긴장된 사람들인 경우에 더욱 뒤로 - 요령 참고). 한쪽 발은 바 위에 두고 다리는 구부린다. 스트레칭 하지 않는 다리는 곧게 펴야 한다. 손은 바를 잡고 손바닥은 아래를 향하게 하고 다리는 구부리고, 팔은 양옆으로 두고 손바닥은 아래를 향하게 해서 서로 넓게 벌린다.

시작자세에서 숨을 들이쉰다.

2. 숨을 내쉰다
'감귤 조이기'를 해주고 복부 컬을 해서 올라가며, 스트레칭 하는 다리를 펴주면서 바를 밀어 올린다. 견갑골이 등을 따라 아래로 내려진 상태를 유지하고 슬괵근은 물론 척추 심부 근육의 스트레칭에 집중한다.

3. 호흡을 계속한다
자세를 유지하면서 발목을 길게 뻗고 굴곡시키기를 3회 한다.

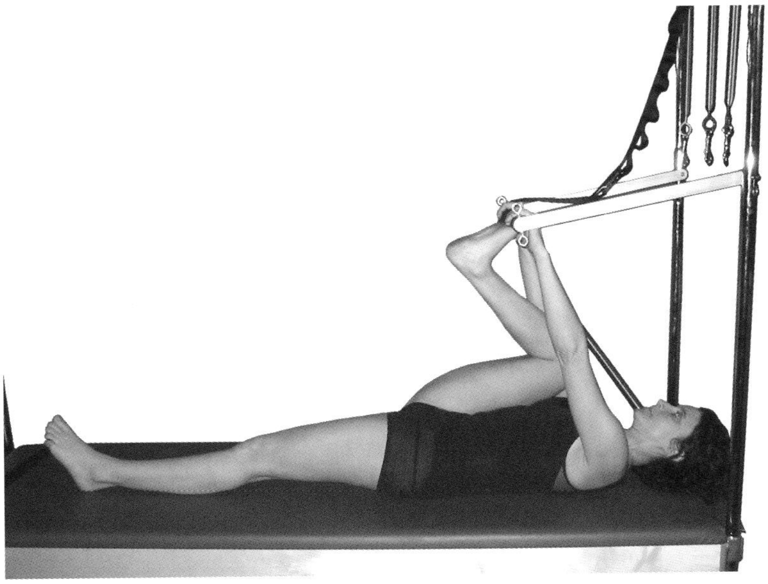

4. 숨을 내쉰다
무릎을 안으로 구부리고 척추를 통해 롤-다운을 해서 시작자세로 돌아온다. 엉덩이를 수평으로 유지하면서 무릎을 가능한 한도에서만 멀리 안으로 구부려준다.

세트를 3회 반복한 다음 측면을 바꾼다.

초급, 아래 스프링

기구 셋업
캐딜락 밀어내기 바 사용
(아래 스프링 1개: 보통 빨강이지만, 체구가 작은 경우에 파랑)
아래 스프링 동작들에서는 모두 안전 끈을 꼭 사용한다!

기능과 대상 근육
- 슬괵근, 비복근-가자미근 복합체(종아리 근육) 및 척추의 심부 근육 스트레칭
- 긴장된 슬괵근 및 등 근육을 늘여줄 필요가 있는 사람들에게 아주 좋은 동작이다.

요령 및 주의사항
- 유연하지 못한 사람들을 훈련시킬 때에는 콤보 체어, 원다 체어, 또는 캐딜락 확장 박스를 캐딜락에 대어 놓아 교습생이 안전하게 뒤로 움직이고 지지받을 수 있도록 한다.
- 지도자는 교습생이 이 동작에 들어가도록 돕고 동작 내내 바를 지지해주어야 한다.
- **동작 수행의 장애**: 긴장된 슬괵근, 긴장된 등
- **금기사항**: 하중이 실리는 모든 척추 굴곡의 경우처럼 이 동작은 디스크 돌출/탈출, 신경근 충돌, 또는 굴곡 민감성이 있는 사람들에게 금기이다.

변형 동작 및 연계 동작
- **연계 동작**: 슬괵근 스트레칭, 반 원숭이
- **변형 동작**: 평행 자세: 설명한 대로 동작을 완료하되, 발을 평행 자세로 둔다(모아주거나 엉덩이 너비로 벌려준다).
- **변형 동작**: 두 번째 자세: 설명한 대로 동작을 완료하되, 발을 필라테스 두 번째 자세로 두고(바 위에 넓게) 손은 바의 중간을 잡는다.

상상하기 _ 당신은 온전한 한 마리의 원숭이이다.

엘리 _ "몸의 뒤쪽 전체에 더 좋은 스트레칭이다."

원숭이

1. 시작자세 - 3회 반복
캐딜락의 밀어내기 바 끝에 바로 눕고 몸을 뒤로 당겨 견갑골이 테이블에서 벗어나도록 한다. 양발은 필라테스 첫 번째 자세로 바 위에 올려놓고 다리는 개구리 스쿼트 자세로 구부린다. 손은 바 위에 올려놓고 손바닥은 아래를 향하게 해서 서로 넓게 벌린다. 목을 올바로 정렬해 사각근과 흉쇄유돌근이 아니라 심부 목 굴근과 복근이 머리를 받쳐주도록 한다.

시작자세에서 숨을 들이쉰다.

2. 숨을 내쉰다
복부를 집어넣으면서 바를 밀어 올리고 다리를 펴준다. 견갑골이 등을 따라 아래로 살짝 내려진 상태를 유지하고 슬괵근은 물론 척추 심부 근육의 스트레칭에 집중한다.

3. 호흡을 계속한다
자세를 유지하면서 발목을 길게 세우고 굴곡시키기를 3회 한다.

4. 숨을 내쉰다
무릎은 안으로 구부리고 척추를 통해 롤-다운을 해서 시작자세로 돌아온다.

세트를 3회 반복한다. 변형 동작 몇 가지를 시도해보는데, 각 자세는 슬괵근의 서로 다른 섬유를 스트레칭 시킨다.

변형 동작: 두 번째 자세

초급, 아래 스프링

기구 셋업
캐딜락 밀어내기 바 사용
(아래 스프링 1개: 보통 빨강이지만, 체구가 작은 경우에 파랑)
아래 스프링 동작들에서는 모두 안전 끈을 꼭 사용한다!

기능과 대상 근육

- 슬괵근, 내전근, 둔근 및 비복근-가자미근 복합체(종아리 근육) 스트레칭
- 고관절을 열어줄 필요가 있는 사람들에게 아주 좋은 동작이다(예를 들어 무용수, 체조선수, 곡예사 등)

요령 및 주의사항

- 다리를 뻗을 때 스트레칭 하는 다리의 좌골을 안착시키도록 한다.
- 바 위에 있는 발의 위치가 고관절 스트레칭의 강도를 결정한다. 발을 몸에서 멀리 둘수록 스트레칭의 강도는 줄어든다. 이미 가동범위가 좋은 사람들인 경우에 발을 몸에 가깝게 두도록 한다(특히 무용수들).
- 유연하지 못한 사람들을 훈련시킬 때에는 콤보 체어, 원다 체어, 또는 캐딜락 확장 박스를 캐딜락에 대어 놓아 교습생이 안전하게 뒤로 움직이고 지지받을 수 있도록 한다.
- 지도자는 교습생이 이 동작에 들어가도록 돕고 동작 내내 바를 지지해주어야 한다.
- 지도자는 손으로 교습생이 좌골을 멀리 뻗도록 도와줌으로써 고관절의 회전을 증가시키고 허리를 길게 늘여주어 스트레칭을 도와줘도 된다.
- **주의사항**: 고관절 및/혹은 무릎 문제
- **동작 수행의 장애**: 긴장된 엉덩이, 긴장된 슬괵근, 긴장된 내전근

변형 동작 및 연계 동작

- **연계 동작**: 슬괵근 스트레칭

상상하기 _ 발을 길게 뻗으면서 바를 엉덩이에서 멀리 밀어내고 있다.

엘리 _ "이는 정말로 고관절을 열어주는 동작이다."

고관절 열어주기

1. 시작자세 - 3회 반복

옆으로 누운 자세에서 머리 꼭대기를 캐딜락의 밀어내기 바 끝에 위치시킨다. 위쪽 발을 바 위에 올려놓되, 발볼만 바 위에 두고 발꿈치는 떨어뜨린다. 발은 굴곡시키고 무릎, 고관절과 발목은 모두 외회전시킨다. 필요에 따라 발의 위치를 조정하며, 몸에 더 가까이 가져가 스트레칭을 키워준다.

시작자세에서 숨을 들이쉰다.

2. 숨을 내쉰다

다리를 펴면서 바를 밀어 올리고 발을 길게 세운다. 움직이면서 좌골은 안착시키고 골반은 앞을 향해 수평을 유지하도록 한다. 대퇴골이 관골구로 처지는 것을 느낄 것이다(이 동작은 엉덩이에 좋으며 느낌 또한 좋다).

3. 호흡을 계속한다

자세를 유지하면서 발목을 길게 뻗고 굴곡시키기를 3회 한다.

4. 숨을 내쉰다

무릎을 안으로 구부리면서 최대한 외회전시켜 무릎이 가능하다면 몸의 라인 뒤로 열리도록 한다(지도자는 다리가 구부러지면서 무릎이 열리도록 유도해도 된다). 좌골을 계속 멀리 뻗어주어 길이와 올바른 정렬을 유지한다.

3회 반복한 다음 측면을 바꾼다.

중급, 아래 스프링

기구 셋업
캐딜락 밀어내기 바 사용
(아래 스프링 1개: 보통 빨강이지만, 체구가 작은 경우에 파랑)
주의사항: 등에 너무 많은 하중이 실리는 것이 걱정된다면
가벼운 스프링을 사용하거나 스프링을 아예 사용하지 않는다.
아래 스프링 동작들에서는 모두 안전 끈을 꼭 사용한다!

기능과 대상 근육
- 슬괵근, 비복근-가자미근 복합체(종아리 근육), 요방형근 및 척추의 심부 근육 스트레칭
- 몸의 뒤쪽을 길게 늘여주기 위해 하중이 실리는 스트레칭이 필요한 사람들에게 좋지만, 모든 사람에게 적합하지는 않다(아래 금기사항 참고).

요령 및 주의사항
- 키가 큰 사람들은 바를 너무 멀리 밀어 올리지 않도록 주의해야 한다. 그렇게 하면 바가 계속해서 캐딜락의 기둥을 지나가 한 바퀴 돌아와 부상을 초래할 수 있으므로 조심한다.
- 바를 잡지 않도록 한다. 그렇게 하면 흉근의 과사용을 초래한다. 대신 뒤로 기둥을 잡고 손바닥 뒷부분으로 눌러주어 광배근을 활용하고, 척추 스트레칭을 증가시키며, 허리에 잠재적으로 가해질 수 있는 하중을 줄여준다.
- 지도자는 교습생이 이 동작에 들어가도록 돕고 동작 내내 바를 지지해주어야 한다.
- **동작 수행의 장애**: 긴장된 슬괵근, 긴장된 등, 편평한 흉추, 약한 파워하우스
- **금기사항**: 하중이 실리는 모든 척추 굴곡의 경우처럼 이 동작은 디스크 돌출/탈출, 신경근 충돌, 또는 굴곡 민감성이 있는 사람들에게 금기이다. 이는 캐딜락 아래 스프링 동작들 중 하중이 가장 많이 실리므로, 교습생의 한계/민감성을 신중하게 고려한다.

변형 동작 및 연계 동작
- **연계 동작**: 원숭이, 리포머의 공중부양 베리테 및 높은 개구리

상상하기 _ 척추를 캐딜락에서 뱀처럼 굽이치듯 들어 올리고 있다.

엘리 _ "당신의 파워하우스를 찾지 못하면 등이 하중을 느끼게 된다."

타워

1. 시작자세 - 3회 반복
바로 누운 자세에서 머리를 캐딜락의 밀어내기 바 끝에 가깝게 위치시킨다. 양발은 필라테스 첫 번째 자세로 바 위에 올려놓고 다리는 곧게 편다. 손으로 기둥을 잡고 팔꿈치를 높이 두어 팔이 90도 각도를 이루도록 한다(상완골은 기둥과 평행으로, 아래팔은 테이블과 평행으로).

시작자세에서 숨을 들이쉰다.

2. 호흡을 계속한다
시작자세에서 발을 굴곡시키고 세우기를 3회 하고 세운 자세로 마무리한다.

3. 숨을 내쉰다
손바닥 아랫부분으로 기둥으로 눌러주어 광배근을 활용하고, 배꼽을 척추 쪽으로 집어넣고, 허벅지 안쪽을 조여주고, 허벅지 바깥쪽을 감싸주어 둔근을 활용해, 엉덩이를 띄워 올리면서 척추를 통해 분절해 오르고 몸을 흉부 선반으로 받치는 지점까지 바를 밀어 올려준다(너무 높이 올라가 바가 캐딜락의 기둥을 벗어나지 않도록 한다!).

4. 호흡을 계속한다

공중부양과 길게 세운 발을 유지하면서 무릎을 구부렸다가 펴기를 3회 한다(무릎은 개구리 자세처럼 열린다). 다리를 곧게 뻗은 자세로 마무리한다.

5. 숨을 내쉰다

손바닥 아랫부분을 눌러주면서 분절해 내려온다. 이는 척추의 스트레칭을 키워주고 하중도 어느 정도 줄여줄 것이다. 시작자세로 완전히 돌아올 때까지 파워하우스의 활용을 유지한다.

초급, 아래 스프링

기구 셋업
캐딜락 밀어내기 바 사용
(아래 스프링 빨강 1개. 전거근을 더 단련시키려면 스프링을 추가로 사용한다.)
원다 체어, 콤보 체어, 또는 확장 박스를 캐딜락에 갖다 대어 캐딜락을 확장할 수 있다.
아래 스프링 동작들에서는 모두 안전 끈을 꼭 사용한다!

기능과 대상 근육
- 흉추 분절 익히기
- 상부 복근 및 전거근 강화
- 흉추 C 곡선을 위한 궁극적인 연계 동작
- 편평한 등 상부를 가진 사람들에게 아주 좋다. 이는 굴리는 동작들에서 한계점으로 작용하는데, 이러한 사람들은 흉부 선반을 찾을 수 없고(견갑골 사이에서 균형을 잡을 수 없다) 대신 바로 목으로까지 굴러간다. 또한 이는 필라테스 복부 자세의 유지를 요하는 모든 동작들(백번 호흡하기 등)에서도 한계가 되는데, 이러한 사람들은 충분히 높이 굴러 올라갈 수 없고 대신 목을 더 들게 된다(그래서 머리와 목의 과도한 긴장이 일어난다).

요령 및 주의사항
- 캐딜락을 확장할 기구가 없다면 그저 교습생의 머리를 손으로 받쳐주어 도와줘도 된다.
- **동작 수행의 장애**: 긴장된 등 상부, 약한 심부 목 굴근, 약한 복근

엘리 _ "이는 흉부 C 곡선을 위한 궁극적인 연계 동작이다."

전거근 프레스

1. 시작자세 - 4회 반복
바로 누운 자세에서 어깨를 밀어내기 바 아래로 정렬한다. 손바닥 아랫부분을 바 위에 넓게 올려주고 팔이 곧게 펴질 때까지 바를 밀어 올려준다. 어깨는 넓게 열고 다리는 구부려 엉덩이 너비로 벌리고 발은 매트에 댄다.

시작자세에서 숨을 들이쉰다.

2. 숨을 내쉰다
척추 중립을 유지하고 머리나 목이 관여하지 않게 하면서 바를 최대한 멀리 밀어 올려준다.

3. 숨을 들이쉰다
바를 제어하며 다시 내려준다.

4회 더 반복한다.

상복부 컬

1. 시작자세 - 5회 반복

전거근 프레스로 시작한다. 그런 다음 몸을 뒤로 옮겨 머리가 캐딜락에서 벗어나도록 하며, 가능하다면 캐딜락 끝에 갖다 댄 확장 박스(혹은 콤보 체어, 원다 체어) 위에 머리를 올려놓는다. 손은 바 위에 올려주고 팔은 펴준다. 팔은 스프링과 동일하게 대각선을 이루어야 한다.

시작자세에서 숨을 들이쉰다.

2. 숨을 내쉰다

팔을 곧게 유지하면서 턱 아래 '감귤 조이기'를 해주고 바를 앞쪽으로 밀어주면서 필라테스 복부 자세로 굴러 올라간다.

3. 숨을 들이쉰다

등 쪽으로 숨을 들이쉬면서 등을 최대한 둥글게 해주고 자세를 유지한다.

4. 숨을 내쉰다

전거근을 사용하여 양쪽 견갑골을 전인/외전시켜 흉추 C 곡선을 키워준다. 흉골은 뒤로 고정시키고 견갑골은 앞쪽으로 뻗는다고 생각한다. 등 상부를 제대로 둥글게 스트레칭 시키도록 한다!

5. 숨을 들이쉰다

숨을 들이쉬고 등 쪽의 흉곽을 한층 더 확장시킨다.

6. 숨을 내쉰다

팔을 곧게 유지하면서 천천히 제어하며 시작자세로 돌아온다.

공중그네

공중그네는 캐딜락이 '공식적' 이름(트랩 테이블, Trap Table)을 가지고 있는 이유이다. 풋바, 고리와 함께 아주 강력한 2개의 스프링으로 구성되어 있다. 수평 바에 부착되는데, 이 바는 캐딜락의 상단 틀을 따라 이동할 수 있다.

공중그네 동작들의 선택

지도자 또는 교습생의 몸에 적합한 동작 순서를 선택한다. 예를 들어 백번 호흡하기 동작을 할 때 고관절 굴근을 과사용하는 경향이 있다면 공중그네 안에 발을 넣고 시도해본다. 일단 복근이 활용되고 고관절 굴근이 이완된 상태라면 공중그네로 티저 동작을 시도해본다. 고관절 굴근에 의존하지 않고 동작을 하는 것이 얼마나 어려운지 알게 될 것이다.

1. 호흡 준비/브리지 시작자세

바로 누운 자세에서 머리는 캐딜락의 끝에 정렬하고, 발목은 공중그네의 고리로 받쳐주고, 다리는 필라테스 첫 번째 자세로 곧게 펴주고, 팔은 양옆으로 내려준다.

시작자세에서 숨을 들이쉰다.

하체만 - 3회 반복

2. 숨을 내쉰다

배꼽을 척추 쪽으로 당겨주고, 허벅지 안쪽을 활용하며, 둔근이 감싸는 것을 느껴 몸이 브리지 자세로 분절해 오르는 것을 돕게 한다.

3. 숨을 들이쉰다

역순으로 움직여 분절해 내려가 다시 시작자세로 돌아오고 동작의 상체 부분으로 넘어가기 전에 3회 반복한다.

상체만 - 3회 반복

4. 숨을 내쉰다

손은 스프링 바깥에 둔 채 롤-다운 바를 잡고 손가락은 길게, 등은 넓게 해준다. 척추 중립을 유지하면서 광배근 당기기를 수행하되, 어깨를 넓게 유지한다. 이때 흉곽이 치솟거나, 등이 아치를 이루거나, 흉근을 과사용하지 않도록 주의한다.

5. 숨을 들이쉰다

바를 다시 시작자세로 제어하며 올려주고 완전한 동작으로 넘어가기 전에 3회 반복한다.

초급, 공중그네

기구 셋업

공중그네를 테이블의 끝에서 약 1/3 떨어진 거리에 위치시킨 크로스바에 부착한다(키에 따라 위치를 조정한다).
롤-다운 바의 사용: 동작을 더 수월하게 하려면 스프링의 부착부를 낮춰도 된다.

기능과 대상 근육

- 안정화와 가동성을 동시에 요한다.
- 복근, 슬괵근, 둔근 및 광배근 강화

요령 및 주의사항

- 동작 내내 전신을 계속 스트레칭 시킨다(체중이 견갑대로 쏠리지 않도록 한다).
- 흉근이 대부분의 역할을 수행하게 하면서 우격다짐으로 광배근 당기기를 하지 않도록 한다. 광배근으로부터 동작을 만들되, 이것이 너무 어려우면 스프링을 낮춘다.
- 광배근 당기기를 할 때 흉곽이 치솟지 않도록 주의한다. 동작 내내 복근의 활용을 유지한다.

변형 동작 및 연계 동작

- **연계 동작**: 브리지, 광배근 당기기

상상하기 _ 팔이 등에서 나온다.

엘리 _ "초급자들이 전신 작용을 느끼기에 좋은 동작이다."

완전한 동작 - 6회 반복

시작자세에서 숨을 들이쉰다.

6. 숨을 내쉰다
하체 및 상체 동작들을 결합한다. 브리지 자세로 분절해 오르면서 광배근 당기기를 해주며, 동작들은 동시에 이루어져야 한다.

7. 숨을 들이쉰다
역순으로 움직여 시작자세로 다시 돌아온다.

3회 반복한 다음 호흡을 반대로 바꿔 다시 3회 반복한다. 마지막으로 반복할 때 브리지 자세를 유지한 다음 최종 동작으로 넘어간다.

최종 동작

8. 두드리듯 숨을 내쉰다
브리지 자세(단계 6)를 유지하면서 광배근으로 3회 '펌핑'을 한다. 그러면서 브리지 자세는 계속 유지한다. 3회째 펌핑에서 팔을 아래로 유지하도록 한다.

9. 숨을 들이쉰다
팔은 아래로 두고 브리지는 높게 든 채 자세를 유지한다.

10. 숨을 내쉰다
척추를 통해 분절해 내려오면서 광배근으로 바를 제어하며 올려 다시 시작자세로 돌아온다.

1. 시작자세 - 10회 펌핑씩 10세트

바로 누운 자세에서 머리는 캐딜락의 끝에 정렬하고 발목은 공중그네의 고리로 받쳐준다. 다리는 필라테스 첫 번째 자세로 곧게 펴주어 파워하우스 전체가 활용되도록 하고 팔은 천장으로 뻗어 올려준다.

시작자세에서 숨을 들이쉰다.

2. 숨을 내쉰다

필라테스 복부 자세로 롤-업 하면서 팔은 엉덩이를 지나도록 뻗어준다.

3. 숨을 들이쉰다

부드럽게 또는 두드리듯 코로 숨을 들이쉬고 팔 펌핑을 시작한다. 숨을 들이쉬면서 5회 펌핑 하며, 숨을 들이쉬면서 등을 부풀려 견갑골 사이로 더 많은 공간을 만들어준다.

4. 두드리듯 숨을 내쉰다

숨을 내쉬면서 5회 더 팔 펌핑을 해준다. 숨을 내쉬면서 복부를 척추 쪽으로 집어넣고 앞쪽으로 뻗는 팔과 반대로 흉골은 뒤로 당겨준다고 생각한다. 숨을 내쉴 때마다 필라테스 복부 자세로 좀 더 높게 오르도록 한다(우리는 숨을 들이쉬면서 조금씩 롤-다운을 하는 경향이 있기 때문이다).

10회 펌핑씩 10세트를 완료해(숨을 들이쉬면서 5회 펌핑 하고 내쉬면서 5회 펌핑 한다) 100회 펌핑을 한다.

수정 동작: 테이블 탑 다리

변형 동작: 팔 스프링과 함께

초급, 공중그네

기구 셋업

공중그네를 테이블의 끝에서 약 1/3 떨어진 거리에 위치시킨 크로스바에 부착한다(키에 따라 위치를 조정한다).

기능과 대상 근육

- 두드리듯 하는 호흡 익히기
- 복근, 심부 목 굴근 및 광배근 강화
- 협응력 향상: 몸통 안정성을 유지하면서 호흡에 맞춘 리듬으로 팔을 펌핑 한다.
- 백번 호흡하기 동작에서 고관절 굴근을 과사용하는 사람들에게 좋은 연계 동작이다. 다리가 공중그네로 받쳐지므로 고관절 굴근이 이완된 상태를 유지할 수 있다.

요령 및 주의사항

- 숨을 내쉴 때마다 복근의 활용을 심화시키고 더 높게 올라가 필라테스 복부 자세를 향상시키도록 한다(양쪽 견갑골 하단 끝을 매트에서 떼어준다).
- 복직근만을 사용하지 않는다. 계속해서 배꼽을 척추 쪽으로 당겨주어 허리를 보호한다.
- 펌핑을 하면서 문틀 팔을 유지한다.
- 팔 움직임을 따라 상체가 흔들리지 않도록 한다. 필라테스 상복부 자세를 유지한다.
- **동작 수행의 장애**: 긴장된 등 상부, 약한 심부 목 굴근, 약한 복근, 약한 고관절 굴근

변형 동작 및 연계 동작

- **연계 동작**: 상복부 컬, 광배근 당기기
- 다리가 받쳐져 있기 때문에 이 동작은 척추 중립 자세로 또는 허리를 매트로 누른 채 수행할 수 있다. 교습생의 개인적인 필요에 따라 자세를 선택한다.
- **수정 동작**: 테이블 탑 다리
- **변형 동작**: 팔 스프링과 함께 하는 백번 호흡하기(초급/중급): 저항이 교습생에게 적절하도록 팔 스프링을 위치시킨다(이 셋업에서는 높을수록 어려워지고 낮을수록 쉬워진다). 추가된 저항을 이겨내면서 설명한 대로 동작을 수행한다.

상상하기 _ 100까지 세는 것은 그리 많은 것은 아니다.

엘리 _ "백번 호흡하기 동작을 시작하기에 아주 좋은 방법이다."

중급, 공중그네

기구 셋업
공중그네를 테이블의 끝에서 약 1/3 떨어진 거리에 위치시킨 크로스바에 부착한다(키에 따라 위치를 조정한다).

기능과 대상 근육
- 복근, 심부 목 굴근, 하부 둔근, 내전근 및 고관절 굴근 강화
- 티저 동작에서 고관절 굴근을 과사용하는 사람들에게 아주 좋은 연계 동작/변형 동작이다. 사실 다리가 공중그네로 받쳐져 있기 때문에 고관절 굴근을 과사용하는 많은 사람들은 이 동작이 전형적인 티저 동작보다 더 어렵다고 느낄 것이다.

요령 및 주의사항
- 앞쪽으로 뻗는 팔과 반대로 배꼽을 계속 뒤로 당겨준다.
- 목을 올바로 정렬한 상태를 유지한다! 목의 뒤쪽을 계속 길게 늘여주고 거북목 자세가 되지 않게 주의한다.
- 티저 동작의 꼭대기에 이를 때에도 요추 C 곡선을 유지하도록 한다. 균형점에서 하듯이 자신의 체중을 좌골 뒤로 유지한다.
- 하부 둔근, 내전근 및 슬괵근을 활용하여 발을 통해 아래쪽으로 부드러운 압력을 가한다. 이는 고관절 굴근의 활용을 제한하는 데 도움이 될 것이다.
- **주의사항**: 불안정한 천장관절(앉아서 하는 굴곡 동작으로 악화될 수 있다), 요추 디스크 기능장애

변형 동작 및 연계 동작
- **연계 동작**: 균형점, 롤-다운, 리포머의 반대 방향 티저
- **변형 동작**: 테이블 탑 다리: 설명한 대로 동작을 수행하되, 다리를 테이블 탑 자세로 유지한다. 이는 더 쉬워 보일 수도 있지만 사실 정말 어렵다. 다리가 구부러지고 받쳐져 있기 때문에 고관절 굴곡 단계로의 전환이 매우 어렵다.
- **변형 동작**: 다이아몬드 다리: 설명한 대로 동작을 수행하되, 다리를 다이아몬드 자세로 유지한다. 이 자세는 테이블 탑 다리보다 조금 더 쉬운데, 외회전근을 충분히 사용할 수 있기 때문이다. 고관절 굴근을 과사용해 요추를 통해 분절하는 데 어려움을 겪는 사람들에게 아주 좋다.
- **변형 동작**: 밀어내기 바와 함께 하는 티저: 위 스프링: 티저 동작에서 정말로 도움이 필요한 사람들에게 아주 좋다.

엘리 _ "이 동작은 보기보다 훨씬 더 어렵다. 특히 고관절 굴근을 과사용하는 경향이 있는 사람인 경우에 그렇다."

티저

1. 시작자세 - 3~5회 반복
바로 누운 자세에서 머리는 캐딜락의 끝에 정렬하고, 발목은 공중그네의 고리로 받쳐주며, 다리는 곧게 펴서 턴 아웃 시켜 파워하우스 전체가 활용되도록 한다. 팔은 양옆으로 두고 어깨는 열어주고 등을 따라 아래로 내린다.

시작자세에서 등 쪽으로 숨을 들이쉰다.

2. 숨을 내쉰다
파워하우스를 활용하고, 턱을 흉부 쪽으로 당기고, 팔을 앞쪽으로 뻗어주면서 견갑골이 등을 따라 아래로 당겨지는 것을 느끼고, 척추를 한 번에 한 마디씩 굴려 올려 티저 자세로 들어간다. 척추는 최대한 오래 매트로 눌러준 상태를 유지한다. 체중은 다리에 유지하도록 한다. 그렇지 않으면 다리를 공중그네에서 날아가 버리게 하려는 경향을 느낄 수도 있다(이는 고관절 굴근의 과사용을 나타낸다). 티저 자세의 높이에서 하복부를 집어넣은 상태를 유지하면서 등 상부를 신전시키도록 한다.

3. 숨을 들이쉰다

흉부를 들어 올린다.

4. 숨을 내쉰다

역순으로 움직여 척추를 한 번에 한 마디씩 굴려 내리며 시작자세로 돌아오면서 팔이 몸을 따라 내려가고 등과 계속 연결되어 있도록 한다.

변형 동작: 테이블 탑 다리

중급, 공중그네

기구 셋업
공중그네를 테이블의 끝에서 약 1/3 떨어진 거리에 위치시킨 크로스바에 부착한다(키에 따라 위치를 조정한다).

기능과 대상 근육
- 상체를 강화하는 흥미로운 방법이다.
- 어깨 안정화, 이두근, 흉근, 아래팔, 손, 심부 목 굴근, 복근 및 둔근 강화

요령 및 주의사항
- 목을 올바로 정렬한 상태를 유지한다! 목의 뒤쪽을 계속 길게 늘여주고 거북목 자세가 되지 않게 주의한다.
- 파워하우스를 사용하여 상체 동작을 받쳐준다
- 지도자는 동작 내내 교습생을 도와줘도 된다. 이는 근력과 자신감을 동시에 기를 수 있는 아주 좋은 방법이다. 교습생이 올라갈 때 도와준 다음 다시 내려오는 동작은 스스로 제어하도록 한다.
- **동작 수행의 장애**: 약한 상체, 약한 손

변형 동작 및 연계 동작
- **연계 동작**: 윗몸일으키기
- **변형 동작**: 퍼지: 설명한 대로 동작을 수행하되, 발은 퍼지 안에 넣는다. 이는 재미있는 변형 동작이 될 수 있지만, 퍼지에서 나오는 것이 훨씬 더 어렵기 때문에 주의해야 한다. 퍼지에 갇히거나 넘어지지 않도록 한다. 퍼지를 사용할 때에는 항상 지지해줄 사람을 옆에 둔다!

엘리 _ "여러분, 상체 운동을 합시다!"

풀-업

1. 시작자세 - 8~10회 반복
캐딜락의 끝에서 팔 길이만큼 떨어져 공중그네를 향해 선다. 손은 캐딜락의 상단 틀을 잡고(끈적이는 패드를 사용하는 것이 좋다) 한쪽 발은 공중그네 위에 올린다. 다른 쪽 다리를 공중그네 위로 올리면서 이두근을 활용해 몸이 계속 들려지도록 한다. 발은 그네 코너의 슬리브에서 외회전시키고 굴곡시켜 안정화한다. 자세를 잡고 나면 꼬리뼈는 아래로 내리고 팔과 다리는 곧게 편 채 매달려 있을 때까지 체중을 아래로 떨어뜨리도록 한다.

시작자세에서 등 쪽으로 숨을 들이쉰다.

2. 숨을 내쉰다

배꼽을 척추 쪽으로 집어넣고, 둔근을 조여주며, 척추를 분절하면서 완전한 신전 자세로 들어가 등이 아치를 이루고 흉부가 열리도록 한다.

3. 숨을 들이쉰다

스트레칭 자세를 유지한다.

4. 숨을 내쉰다

목의 뒤쪽을 길게 늘여주고 분절해 플랭크 자세로 들어간다. 파워하우스를 사용하여 체중의 일부를 팔에서 빼준 상태를 유지한다.

5. 숨을 들이쉰다

등 쪽으로 숨을 들이쉬면서 자세를 유지한다.

6. 숨을 내쉰다

어깨는 안정적으로 그리고 목은 올바로 정렬된 상태로 유지하면서 팔꿈치를 구부려 캐딜락의 상단 틀 쪽으로 몸을 당겨 올린다. 플랭크 자세에서 벗어나지 않는다.

7. 숨을 들이쉰다

제어하며 다시 내려온다.

8회 반복한다. 체중을 아래로 떨어뜨리는 시작자세로 돌아간 다음 주의해 공중그네에서 내려온다.

퍼지

퍼지는 캐딜락에서 재미있고 훌륭한 액세서리이다. 교습생들이 아주 좋아한다! 퍼지는 2개의 모조 양가죽 고리로 구성되어 있으며, 캐딜락의 상단 틀에 부착되고 틀을 따라 이동할 수 있다. 퍼지는 다양한 길이로 제작된다. 특정 동작들을 위해 퍼지를 더 짧게 만들고 싶다면 퍼지를 비틀어주면 된다.

안전이 우선이다! 퍼지는 들어가고 나오기가 어렵다. 완전히 매달리기와 같은 동작들을 시도하기 전에 발이 고정되어 있도록 주의한다. 필요에 따라 퍼지에서 나오게 도와줄 수 있는 사람이 옆에 있도록 한다.

퍼지는 주로 스트레칭을 위해 사용된다. 그러니 즐겨라!

1. 시작자세 - 각 자세로 1회 반복

앞 스플릿
양쪽 다리를 턴 아웃 시킨 채 캐딜락 테이블 위에 서서 한쪽 발은 퍼지에 넣고 엉덩이는 평행을 유지한다. 손은 상단 틀을 잡고 척추는 중립을 이루도록 한다.

시작자세에서 숨을 들이쉬고 척추를 길게 세워 선다.

2. 숨을 내쉰다

필요에 따라 손의 위치를 조정하면서 스플릿 자세로 스트레칭 하며, 몸을 미끄러지듯 움직이게 해서 스트레칭 한다. 척추의 올바른 정렬을 유지하고 스트레칭을 계속 제어해 너무 멀리 가지 않도록 한다.

3. 호흡을 계속한다

약 30초간 스트레칭 자세를 유지한 후 시작자세로 돌아온다.

초급, 퍼지

기구 셋업
퍼지를 테이블의 한쪽 끝에서 약 3/4 떨어진 거리에 위치시킨다(키에 따라 더 가까이 또는 더 멀리 조정한다).

기능과 대상 근육

- 슬괵근, 내전근 및 고관절 굴근 스트레칭, 스플릿 자세 훈련
- 지지를 받으면서 고관절의 가동범위를 키워주는 방법이다. 유연성을 많이 필요로 하는 무용수들에게 아주 좋다.

요령 및 주의사항

- 이 스트레칭 시리즈는 발레 바 스트레칭에 기반을 두고 있으며, 배럴 위에서도 가능하다.
- 파워하우스를 사용하여 허리를 지지한다. 가동범위를 키우기 위해 허리를 접으면 절대 안 된다.

변형 동작 및 연계 동작

- **연계 동작**: 매트의 3방향 엉덩이 스트레칭
- **변형 동작**: 대퇴직근 스트레칭: 뒤 스플릿을 완료한 후 뒤쪽 다리를 구부려 뒤쪽 무릎이 테이블을 향해 아래로 스트레칭 되도록 한다. 둔근을 조여주고 대퇴직근(흔히 긴장되는 고관절 굴근이자 무릎관절 신근)을 통해 스트레칭을 느낀다.

상상하기 _ 당신은 러시아 발레단 출신이다.

엘리 _ "무용수들은 이 동작을 아주 좋아한다."

옆 스플릿

엉덩이가 캐딜락의 측면과 평행이 되도록 지지하는 다리를 다시 위치시키고 퍼지 안에 있는 다리는 편안하게 턴 아웃 시킨 필라테스 두 번째 자세로 둔다. 손은 상단 틀을 잡고 척추는 중립을 이루도록 한다. 시작자세에서 숨을 들이쉬고 단계 2 및 3을 반복한다. 몸을 옆으로 기울이면서 미끄러지듯 움직여 스플릿 자세로 들어간다.

뒤 스플릿

아라베스크 자세가 되도록 지지하는 다리를 다시 위치시키며, 양쪽 다리는 턴 아웃 시키고 엉덩이는 뻗은 다리에서 멀리 사각형을 이루게 한다. 이만큼의 고관절 신전은 달성하기 매우 어려우므로, 복근을 활용하고 척추가 압박을 받지 않고 안전한 한도에서 몸을 앞쪽으로 기울여 허리를 보호하도록 주의한다. 손으로 상단 틀을 잡아 자세를 지지한다. 시작자세에서 숨을 들이쉬고 단계 2 및 3을 반복한다. 몸을 앞쪽으로 기울이면서 미끄러지듯 움직여 스플릿 자세로 들어간다.

변형 동작: 대퇴직근 스트레칭

초급, 퍼지

기구 셋업
퍼지를 캐딜락의 끝에서 팔 길이만큼 떨어진 거리에 위치시키고 기타 모든 스프링과 장비는 치워둔다.

기능과 대상 근육
- 아주 좋은 전신 견인 스트레칭
- 거꾸로 뒤집히기를 좋아하는 사람들은 즐겁게 할 수 있다.

요령 및 주의사항
- 이 스트레칭은 처음 할 때에는 격렬하고 조금 두려울 수 있다. 항상 발이 퍼지 안에 고정되어 있는지 확인하고 손으로 기둥을 잡아 자세의 통합성을 보호한다.
- 키가 큰 사람들인 경우에 퍼지를 짧게 해주거나(비틀어주면 된다) 멀리 이동시켜 스트레칭을 위한 공간을 확보한다.
- 스트레칭에 너무 오래 머물지 않는다! 밑에 있는 동안 기분이 좋을 수도 있지만, 몸이 견인에 어떻게 반응하는지 알아야 한다. 30초(또는 그 미만)로 시작한다.
- 지도자는 교습생을 지지해주고 완전히 매달린 자세에서 다시 올라올 때 도와줘야 한다. 퍼지로 들어가는 것을 도우려면 캐딜락 위에서 교습생을 향해 무릎을 꿇는다. 공중으로 띄우라고 지시한 다음 자신의 허벅지를 교습생의 엉덩이 아래로 옮긴다. 그 시점부터는 양발을 퍼지에 넣기가 쉬워질 것이다.
- **금기사항**: 약하거나 불안정한 발목: 발목관절이 약하거나 불안정한 소인이 있는 사람인 경우에 발을 굴곡시키고 발목을 긴장시킨 상태를 유지한다. 아니면 그저 이 동작을 건너뛴다.
- **금기사항**: 견인 민감성: 견인을 피하라는 말을 들은 사람인 경우에 이 동작은 피하도록 한다. 격렬한 동작이고 훌륭할 수 있지만, 모든 사람을 위한 동작은 아니다.

변형 동작 및 연계 동작
- **변형 동작**: 수정된 매달리기: 테이블의 끝 위에서 매달리는 대신 발을 퍼지에 넣은 채 등과 머리의 대부분을 테이블 위로 유지해(단계 1) 그저 견인 스트레칭을 즐긴다. 골반이 테이블에서 떨어져 있으면 거꾸로 뒤집히는 것에 대한 두려움 없이 허리와 엉덩이에 좋은 견인이 될 것이다.
- **변형 동작**: 신전된 매달리기: 지도자는 교습생의 손목을 잡고(교습생 역시 지도자의 손목을 잡도록 해서 같이 잠근다) 천천히 캐딜락 반대쪽으로 당겨줌으로써 스트레칭을 키워줄 수 있다. 천천히 움직여주도록 주의하며, 특히 교습생을 다시 거꾸로 매달리기 자세로 되돌릴 때 그렇다.

상상하기 _ 당신은 자유 낙하 중이다.

엘리 _ "두렵기는 하지만 좋다."

끝에서 완전히 매달리기

1. 시작자세 - 1회로 충분하다!
퍼지를 팽팽하게 하기 위해 몇 번 비틀어준다. 머리를 캐딜락의 끝부분에 둔 채 바로 누워 양발은 퍼지에 단단히 넣어 턴 아웃시키고 발목은 굴곡시킨다. 엉덩이는 이 시점에서 매트에서 떨어져 있어야 하며, 그렇지 않으면 퍼지가 너무 길거나 테이블의 끝에 너무 가깝다는 의미이다.

2. 호흡을 계속한다
손으로 캐딜락의 양쪽 기둥을 잡고, 매트를 누르면서 몸을 떼며, 머리가 바닥을 향한 채(하지만 닿지는 않는다) 몸이 모서리에서 매달릴 때까지 척추를 신전시킨다. 손으로 기둥을 잡은 채 매달리기를 유지해도 되며, 혹은 스트레칭을 키워주려면 팔을 머리 위로 풀어주어 바닥에 닿게 한다. 척추 전체가 활용되는 느낌을 유지해 스트레칭을 하면서 지지받고 있다는 것을 느끼도록 한다.

3. 호흡을 계속한다

스트레칭에서 그만 나올 준비가 되었으면 다시 위로 뻗고 기둥을 잡은 다음 턱을 흉부 쪽으로 당기고 척추를 굴곡시킨다(팔을 사용하여 돕는다). 유연한 움직임으로 무릎을 구부리고 허벅지 뒤쪽을 잡는다. 이렇게 하면 기둥을 통과해 움직일 수 있을 것이다. 부드럽게 몸을 제어하며 다시 테이블로 내리고 발을 퍼지에서 뺀다.

변형 동작: 신전된 매달리기

기타

다음에 소개하는 마지막 세 가지 동작은 캐딜락 틀을 동작의 필수적인 부분으로 사용한다.

1. 시작자세 - 각 자세로 8~12회 반복

고관절 신전

캐딜락 테이블 위에서 크로스바 쪽 끝을 향해 선다. 한쪽 발은 문박스 위에 올려놓고 다른 쪽 발은 다리 스프링의 고리 속에 넣는다. 두 다리는 평행하게 하고, 엉덩이도 평행으로 두며, 척추는 중립을 유지한다. 손으로 양쪽 상단 틀을 잡고 시작자세에서 스프링을 살짝 당겨 저항을 느끼면서 둔근과 슬괵근이 신전 동작을 수행하도록 준비시킨다.

숨을 들이쉬고 척추를 길게 세워 선다.

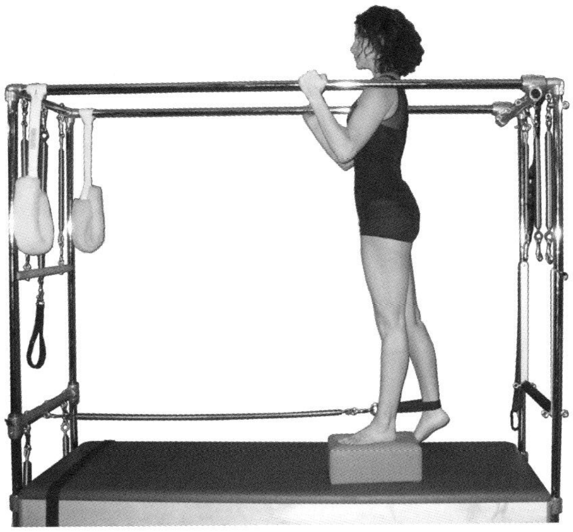

2. 숨을 내쉰다

파워하우스를 사용하여 몸통을 안정화하면서 다리를 몸 뒤로 당겨주어 고관절을 신전시킨다. 복부 집어넣기와 둔근을 사용하여 골반과 척추를 안정화하고 엉덩이를 평행으로 유지하도록 한다. 움직임을 계속 제어해 동작이 부드럽게 그리고 안정적으로 이루어지도록 한다.

기억한다: 고관절 신전은 오직 15도이므로, 다리를 뒤로 더 가져가면 고관절이 아니라 척추가 신전될 것이다. 따라서 가동범위를 작게 유지한다.

3. 숨을 들이쉰다

시작자세로 돌아온다. 8~12회 반복한 다음 자세를 바꾼다.

재활, 기타

기구 셋업

다리 스프링(가급적 가벼운 무게)을 테이블에서 약 30cm 위로 위치시킨 크로스바의 중간에 부착한다. 문박스는 다리 스프링 부착부에서 다리 길이만큼 떨어진 지점에 위치시킨다(이렇게 하면 발을 스프링 고리에 넣은 채 박스 위에 서 있을 때 동작을 시작하면서 약간의 저항을 받으며 스프링을 당기게 되지만, 발로 테이블을 쉽게 지나가게 된다).

기능과 대상 근육

- 무릎과 고관절에 아주 좋은 안정화 동작
- 지지하는 다리의 중둔근 및 내전근과 아울러 움직이는 다리의 중둔근, 외전근, 대둔근, 내전근 및 고관절 굴근(다리 자세에 따라) 강화

요령 및 주의사항

- 이 동작은 고관절 및 무릎 부상에 효과가 뛰어난 기능적 재활운동이지만, 교습생이 안전하게 캐딜락 테이블로 올라가고 내려올 수 있어야 한다. 전환을 수월하게 하기 위해 롱 박스를 계단으로 사용한다.
- 파워하우스를 사용하여 허리를 지지하고 몸통을 안정화한다. 가동범위를 키우기 위해 허리를 접거나 엉덩이를 이동시켜서는 절대 안 된다.
- 골반을 안정화하기 위해 지지하는 다리의 중둔근과 내전근을 작용시키도록 한다.
- 필요에 따라 문박스의 위치를 조정하여 동작 내내 올바른 정렬을 유지한다.
- **동작 수행의 장애**: 골반 불안정성, 약한 코어

변형 동작 및 연계 동작

- **연계 동작**: 매트의 사이드 킥 시리즈, 바로 누운 자세에서 다리 스프링
- **변형 동작**: 턴 아웃 자세로 고관절 신전: 양쪽 다리를 턴 아웃 시킨 채 설명한 대로 고관절 신전 동작을 수행한다. 둔근에 매우 좋다!

상상하기 _ 다리로 길게 세워 서 있다. 엄지발가락의 중족골에서부터 위로 허벅지 안쪽 라인까지 내측으로 들려 있고 외측으로는 중둔근이 받쳐준다.

엘리 _ "무릎, 고관절과 발목에 아주 좋은 안정화 동작이다."

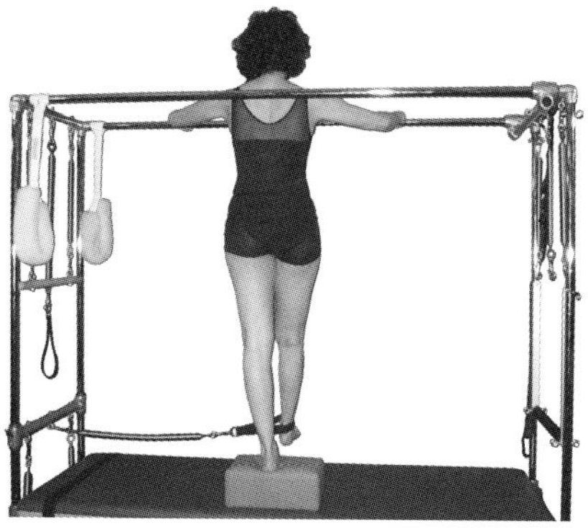

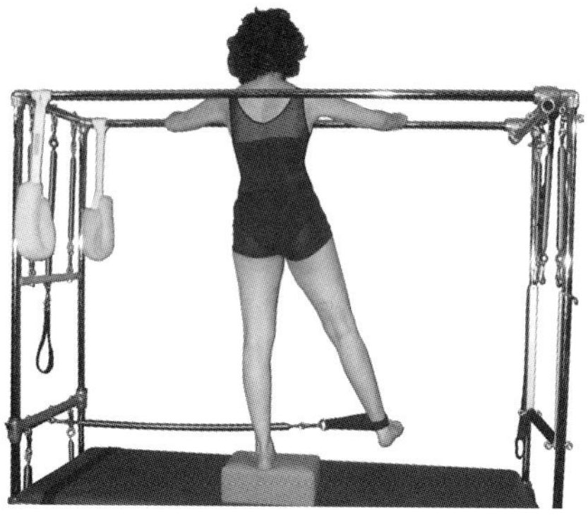

고관절 외전

엉덩이가 평행으로 캐딜락의 측면을 향하도록 지지하는 다리를 다시 위치시키고 움직이는 다리는 다리 스프링 부착부에서 더 멀리 둔다.
두 다리는 평행하게 하고 척추는 중립을 유지한다.
손으로 상단 틀을 잡고 시작자세에서 스프링을 살짝 당겨 저항을 느끼면서 중둔근과 외전근이 외전 동작을 수행하도록 준비시킨다.
숨을 들이쉬고 척추를 길게 세워 선다. 설명한 대로 단계 2~3을 수행하되, 이번에는 다리를 측면으로 당겨주어 고관절을 외전시킨다.

고관절 굴곡

엉덩이가 캐딜락의 밀어내기 바 쪽과 평행하도록 지지하는 다리를 다시 위치시킨다. 다리는 평행하게 하고, 엉덩이도 평행으로 두며, 척추는 중립을 유지한다. 손으로 양쪽 상단 틀을 잡고 시작자세에서 스프링을 살짝 당겨 저항을 느끼면서 고관절 굴근이 굴곡 동작을 수행하도록 준비시킨다. 숨을 들이쉬고 척추를 길게 세워 선다. 설명한 대로 단계 2~3을 수행하되, 이번에는 다리를 앞쪽으로 당겨주어 고관절을 굴곡시킨다.

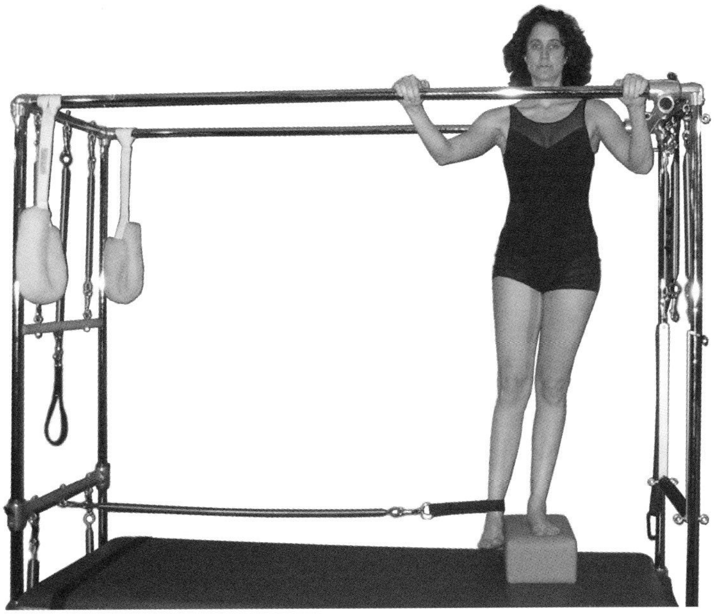

고관절 내전

엉덩이가 평행으로 캐딜락의 다른 측면을 향하도록 지지하는 다리를 다시 위치시키고 움직이는 다리는 다리 스프링 부착부에 가깝게 둔다(저항을 받도록 하기 위해서는 약간 멀리 이동해야 할 수도 있다). 두 다리는 평행하게 하고 척추는 중립을 유지한다. 손으로 상단 틀을 잡고 시작자세에서 스프링을 살짝 당겨 저항을 느끼면서 내전근이 내전 동작을 수행하도록 준비시킨다. 숨을 들이쉬고 척추를 길게 세워 선다. 설명한 대로 단계 2~3을 수행하되, 이번에는 다리를 고관절 내전 방향으로 당긴다.

중급, 기타

기구 셋업
발판을 캐딜락의 끝에 기둥을 가로질러 둔다. 손의 그립을 돕기 위해 끈적이는 매트를 사용한다.

기능과 대상 근육
- 둔근, 복근 및 척추기립근 강화, 어깨 안정화
- 척추에 아주 좋은 견인 스트레칭 및 가동범위 동작

요령 및 주의사항
- 복근을 사용하여 척추를 길게 늘여주고 안정화한다. 둔근을 활성화하여 허리를 보호한다.
- 광배근을 사용하여 어깨를 안정화하고 상완골이 등 쪽으로 당겨진 상태를 유지한다.
- 특히 신전 중에 경추가 지지받고 올바로 정렬되도록 한다. 몸에 적절한 한도에서만 멀리 신전시킨다.
- **주의사항**: 목 문제. 이러한 경우에 이 동작을 시도하고자 한다면 경추 신전의 범위를 제한하도록 한다.
- **동작 수행의 장애**: 유연하지 못한 척추, 긴장된 종아리 근육, 긴장된 또는 불안정한 어깨

상상하기 _ 역순으로 움직일 때 머리가 폭포를 따라 아래로 떨어지고 있다.

엘리 _ "이는 아주 좋은 척추 분절 동작이다. 나는 시작자세에서 매달릴 때 항상 흉추를 조정한다."

1. 시작자세 - 1~2회 반복
척추를 길게 세우고 앉아 다리는 구부리고, 발볼은 발판을 누르며, 발꿈치는 엉덩이 너비보다 조금 더 넓게 벌려 캐딜락 위에 둔다. 손은 최대한 높이 기둥을 잡는다. 다리를 곧게 펴주어 골반이 테이블에서 떨어지게 하고 좌골이 중립 상태로 몸 뒤로 뻗어지게 한다. 동작을 시작할 준비가 될 때까지 바깥으로 매달려 스트레칭 한다.

시작자세에서 숨을 들이쉰다.

2. 숨을 내쉰다

동작 내내 팔과 다리를 곧게 유지하면서 척추의 맨 아래에서부터 꼬리뼈 컬을 시작해 꼬리뼈에서 머리까지 척추 전체를 뱀처럼 굽이치듯 굴곡과 신전 순서로 움직인다. 머리는 무겁게 따라가고 마지막으로 오르며, 이어서 뒤로 아치를 이루어 신전으로 들어간다. 목의 뒤쪽을 계속 받쳐주고 목을 과신전시키지 않는다! 흉부를 들어올리고, 파워하우스가 척추를 보호하며, 광배근을 활용하여 어깨를 안정화한 상태에서 위로 향하는 것에 집중한다.

3. 숨을 들이쉰다

숨을 들이쉬면서 스트레칭 한다.

4. 숨을 내쉰다

턱을 흉부 쪽으로 당기고 역순으로 움직여 다시 아래로 분절해 내리며, 팔과 다리를 여전히 곧게 유지하면서 순차적으로 굴곡시킨다. 움직임의 끝에서 엉덩이를 뒤로 떨어지게 하여 척추가 중립이고 꼬리뼈가 무겁게 매달리는 시작자세로 가져간다. 이어서 다리를 구부려 앉은 자세로 돌아온다.

최상급, 기타

기구 셋업

수평 크로스바는 캐딜락의 상단 틀에서 아래로 약 1/3 떨어진 거리에 있어야 한다. 공중그네 크로스바는 테이블의 끝에서 약 1/3 떨어진 거리에 있어야 하며(키가 작은 사람들은 더 가깝게 위치시킨다), 그 위에 끈적이는 매트나 작은 패드를 얹는다. 작고 끈적이는 매트를 사용하여 손이 상단 틀을 단단히 잡도록 돕는다.

기능과 대상 근육

- 상체가 강한 체조선수와 무용수들에게 아주 좋다.
- 도전적이고 재미있으며 곡예 같은 최상급 필라테스 동작이다!
- 전신을 강화하고 스트레칭 시킨다. 매우 격렬한 동작이라 모든 사람을 위한 동작은 아니다.

요령 및 주의사항

- 누군가가 옆에서 지지하게 한다. 이는 잠재적으로 위험한 동작이므로 시도할 때 상당한 주의를 기울여야 한다.
- 광배근을 사용하여 어깨를 안정화하고 상완골이 등 쪽으로 당겨진 상태를 유지한다.
- 동작 내내 제어하여 어느 자세를 취하든 의도한 것보다 멀리 가지 않도록 한다. 슬로 모션으로 움직이려 한다고 생각한다.
- 이 동작은 긴 시간 동안 매우 강한 그립을 요한다. 이 동작을 시도하기 전에 풀-업 동작을 편안하게 할 수 있어야 한다.
- 지도자는 이 동작을 지도하기 전에 교습생들을 매우 편안하게 지지해줄 수 있어야 한다. 교습생이 이상한 또는 받쳐지지 않은 자세로 들어가는 것을 막아줄 수 있어야 한다. 따라서 이 동작은 교습생보다 지도자에게 더 어려울 수 있다!

변형 동작 및 연계 동작

- **연계 동작**: 풀-업
- 공중그네 크로스바는 안정되게 또는 느슨하게 해도 된다. 느슨하게 설치하면 바가 동작 내내 앞뒤로 미끄러질 것이다.

상상하기 _ 어린 시절을 다시 체험하고 있다(즉 어렸을 때 바 위에서 놀았다면).

엘리 _ "이 동작은 체조를 한 적이 있으면 재미있고 그렇지 않으면 무섭다."

워크오버

1. 시작자세 - 각 측면으로 1회
캐딜락의 수평 크로스바 쪽 끝을 향해 팔 길이 정도 떨어져 선다. 손으로 캐딜락의 상단 틀을 잡는다(끈적이는 패드를 사용하는 것이 좋다).

2. 호흡을 계속한다
오른발을 수평 크로스바 위에 올려준다.

3. 이두근을 활용해 몸이 들린 상태를 유지하면서 왼발을 위쪽 크로스바(캐딜락 상단 틀의 일부분)로 올려놓는다.

4. 몸을 거꾸로 뒤집으면서 오른쪽 다리를 신전시켜 오른발의 등을 천천히 공중그네 크로스바에 올려준다.

5. 왼쪽 다리를 가져와 매트 쪽으로 뻗어 내리며, 발을 세워 테이블에 닿도록 한다(체구가 작지 않다면). 오른발은 여전히 크로스바 위에 있어 몸이 아라베스크 자세가 될 것이다.

6. 단계 5를 역순으로 움직이고 왼쪽 다리가 오른쪽 다리를 지나고 나면 거꾸로 뒤집힌 스플릿 자세로 뻗어준다.

7. 두 다리를 모아 거꾸로 뒤집힌 '물구나무서기'를 한다. 움직임을 침착하게 가져가도록 한다.

8. 스플릿 자세를 반대로 취해 이번에는 왼발이 공중그네 크로스바 위에 있도록 한다.

9. 오른쪽 다리를 가져와 매트 쪽으로 뻗어 내리며, 발을 세워 테이블에 닿도록 한다(체구가 작지 않다면). 왼발은 여전히 크로스바 위에 있어 몸이 아라베스크 자세가 될 것이다 (단계 5와 움직임의 순서는 동일 하지만 다른 쪽 다리로 한다).

10. 오른쪽 다리는 뒤로 당겨주고 왼발을 살며시 크로스바에서 떼어 왼쪽 다리가 크로스바에서 빠져나오게 해서 두 다리를 모아주고 몸이 솟구친 새우 자세가 되도록 한다.

11. 솟구친 새우 자세를 유지하고 발가락이 매트에 닿도록 한다(이는 굉장한 회전근개 스트레칭이므로 어깨를 보호하도록 매우 주의한다!).

12. 여전히 솟구친 새우 자세를 유지 하면서 거꾸로 뒤집힌 자세로부터 풀어주어 다시 똑바른 자세가 되게 한다. 다리를 구부려주고 내려와 마무리한다.

왼쪽 다리로 시작해 반복한다.

동작 인덱스

위 스프링

push-through: round back
밀어내기 바: 둥근 등

push-through: flat back
밀어내기 바: 편평한 등

reverse arms
거꾸로 팔 자세

port-de-bras
포르 드 브라

cat (the)
고양이

one arm lat pull
한쪽 팔 광배근 당기기

side stretch
측면 스트레칭

mermaid
인어

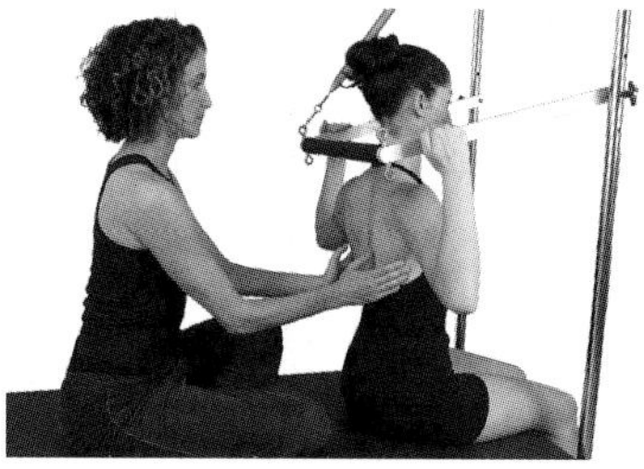

double lat pull
양쪽 광배근 당기기

C-curve pulse
C 곡선 펄스

roll up
롤-업

teaser
티저

swan
백조

metronome
메트로놈

water-skier
수상스키

아래 스프링, 공중그네, 퍼지와 추가 동작들

hamstring stretch
슬괵근 스트레칭

demi-monkey
반 원숭이

monkey
원숭이

hip opener
고관절 열어주기

tower
타워

serratus press/upper ab curl
전거근 프레스/상복부 컬

breathing with roll-down bar
롤-다운 바와 함께 호흡하기

hundred
백번 호흡하기

teaser(trapeze)
티저(공중그네)

pull ups
풀-업

ballet stretches
발레 스트레칭

full hang off edge
끝에서 완전히 매달리기

standing single leg on moonbox
문박스에 한쪽 다리로 서기

spread eagle with footplate
발판에 펼쳐진 독수리

walkover
워크오버

공동 저자 | # 리사 그레이엄

리사 그레이엄(Lisa Graham)은 전문 무용수이자 마사지 치료사이며, 재활요법 및 강사 교육을 전문으로 하는 필라테스 강사이다. 또한 리사는 엘리 허먼 필라테스 협회에서 전 세계의 필라테스 전문 강사들을 책임지는 수석 교육자이다. 현재 미국 산타크루스에 있는 그녀의 스튜디오인 'Agile Monkey'에서 고객들을 지도하고 있다.
더 많은 정보를 위해서는 www.agilemonkey.net.를 방문하길 바란다.

엘리 허먼의 저서들

Please Note:

This book has been written and published strictly for informational purposes, and in no way should be used as a substitute for consultation with health care professionals. You should not consider educational material herein to be the practice of medicine or to replace consultation with a physician or other medical practitioner. The author and publisher are providing you with information in this work so that you can have the knowledge and can choose, at your own risk, to act on that knowledge. The author and publisher also urge all readers to be aware of their health status and to consult health care professionals before beginning any health program.